David Jaffin · Mose und Jesus, die großen Befreier

David Jaffin

Mose und Jesus,
die großen Befreier

johannis

Ich danke Frau Heide Pfeiffer für die Erstellung des Manuskriptes und meiner Frau Rosemarie für die Bearbeitung

Bibliografische Information der Deutschen Bibliothek
Die Deutsche Bibliothek verzeichnet diese Publikation in der Deutschen Nationalbibliografie; detaillierte bibliografische Daten sind im Internet über http://dnb.ddb.de abrufbar.

ISBN 3-501-01504-6
TELOS-Paperback 72448

Umschlagbild: M. Mehlig/HUBER
Umschlaggestaltung: Friedbert Baumann
Gesamtherstellung: St.-Johannis-Druckerei, Lahr/Schwarzwald
Printed in Germany 15873/2004

www.johannis-verlag.de

Inhalt

Moses Geburt und Kindheit

Israel breitet sich in Ägypten aus und wird unterdrückt (2. Mose 1,1–14)

In den ersten Versen dieses Kapitels werden die Namen der zwölf Stämme Israels genannt, und es heißt von ihnen: *Ein jeder kam mit seinem Hause.* Hier wird betont, dass Israel als Einheit dasteht. Auch zum Beispiel im Buch Richter und durch das ganze Alte Testament hindurch wird deutlich, dass Gott ein einheitliches Israel will. Aber unter den Juden ist die Entzweiung in alle möglichen Richtungen schon immer ein großes Problem gewesen. Sie sind ein Volk der Individualisten. Das sehen wir auch im heutigen Israel sehr deutlich.

Und alle leiblichen Nachkommen Jakobs zusammen waren siebzig an Zahl.

Die Zahl siebzig spielt eine sehr wichtige Rolle in der Bibel. Ich möchte nur zwei Beispiele nennen: Mose und die siebzig Ältesten schauten Gott. (4. Mose 11) Und der Name der Septuaginta, der griechischen Übersetzung der hebräischen Bibel, bedeutet „siebzig". Sie wurde von siebzig Weisen übersetzt. Die Zahl siebzig entsteht, wenn man zehn (die Zahl der Gerechten) mit sieben (der Schöpfungszahl) malnimmt: Die Gerechten – das sind die Erwählten Gottes, die Erwählten innerhalb der Erwählten – multipliziert mit der Schöpferkraft Gottes.

Josef aber war schon vorher in Ägypten.

Es ist sehr interessant, dass in der Bibel ständig die Rede vom Gott Abrahams, Isaaks und Jakobs ist und dass Josef, der eigentlich viel wichtiger sein müsste als zum Beispiel Isaak, nicht genannt wird. Das liegt daran, dass Josef vorher in Ägypten war. Er wurde nach Ägypten gesandt. In Bezug auf Gottes Heiliges Land spielt Josef keine große Rolle. Er rettet seine Brüder, aber aus diesem Land, nach Ägypten.

Als nun Josef gestorben war und alle seine Brüder und alle, die zu der Zeit gelebt hatten, wuchsen die Nachkommen Israels und zeugten Kinder und mehrten sich und wurden überaus stark, sodass von ihnen das Land voll ward.

Das entspricht dem ersten und zentralen Gebot der 613 Gebote und Verbote in der Thora: „Mehret euch!" Durch diese Entwicklung wird Gottes Schöpferkraft bezeugt.

Da kam ein neuer König auf in Ägypten, der wusste nichts von Josef ...

So beginnt Händels Oratorium „Israel in Ägypten" (der erste Teil ist ein Meisterwerk, genau wie der „Messias").

Es gibt die Vorstellung, dass der Name eines Menschen nach dessen Tod weiterleben könne. Darauf wird hier sehr deutlich geantwortet: Mit der Zeit gibt es niemanden mehr, der diesen Menschen kennt. Das bedeutet, dass die ganze historische Kontinuität abbrechen wird. An die großen Werke, die Josef für die Ägypter getan hat, erinnert man sich nicht mehr – und damit ist auch sein Volk nicht mehr geschützt. Die Zeiten ändern sich.

Auch wir erleben das. Jeder von uns ist an seine Zeit gebunden. Wir wachsen in einer bestimmten Zeit auf. Und die Zeit unserer Kinder oder die Zeit unserer Eltern ist eine andere Zeit. Hier stoßen wir psychologisch und menschlich an die Grenzen unseres Verständnisses. Wir können uns nicht in eine andere Zeit hineindenken, können nicht hineinleben, hineingezogen werden. Es fällt uns schwer, in eine andere Zeit hineinzuwachsen.

In der Politik ist das ebenso. Wir sehen zum Beispiel in Deutschland sehr deutlich, dass jede Generation sich völlig anders entwickelt. Es gibt sehr starke Generationsunterschiede. Die Generation des Ersten Weltkriegs, der Weimarer Republik, der Hitlerzeit, der Nachkriegszeit, unserer Zeit – jede ist völlig anders geprägt.

Wir reden hier über einen Gott – Jahwe, den seienden, wirkenden Gott –, der über der Geschichte steht. Und wir sollen auch hier unsere Grenze sehen. Unser Geschichtsverständnis ist begrenzt. Wir leben ganz in unserer Zeit, auch wenn wir großartige Geschichtsdarstellungen über die Vergangenheit lesen. Was wir über andere Zeiten erfahren, lernen wir nur mit dem Kopf – wir können es nicht fühlen, es wird nicht zur existenziellen Wirklichkeit. Aber der Herr, der Gott Israels, steht über der Zeit, über der Geschichte. Er ist der geschichtswirkende Gott. Das bedeutet: „So viel der Himmel höher ist als die Erde, so sind auch meine Wege höher als eure Wege und meine Gedanken als eure Gedanken.“ (Jes 55,9) Das hat nicht nur mit der Schöpfung und der Unbegreiflichkeit Gottes zu tun, sondern auch mit der geschichtlichen Wirkung von Gottes Wegen. Seine Wege liegen offen vor ihm. „Alle Zeit ist gegenwärtig vor Gott“, sagt uns der große Augustinus. Denn Gott steht über der Zeit, während wir als Menschen begrenzt in einer Zeit leben. Und Zeit bedeutet Tod.

... und sprach zu seinem Volk: Siehe, das Volk Israel ist mehr und stärker als wir.

Hier kommt das alte Problem der Völker zur Sprache: die Angst vor anderen Völkern, die Ungewissheit: „Was haben sie vor mit uns?“, das Unheimliche an dem, was man nicht kennt. Diese Angst ist durch die Jahrhunderte und Jahrtausende die Grundlage des Antisemitismus gewesen: „Die Juden sind anders, sie sind uns unheimlich.“ Und das gilt nicht nur für die Juden, sondern auch für alle anderen Völker, die in einem fremden Land sind: „Sie sind anders als wir, was haben sie eigentlich vor?“ Die große Ironie bei den deutschen Juden war, dass sie da waren, um Deutschland zu stärken und das geistige Leben zu vertiefen. Sie wurden jedoch nur von wenigen Menschen als gute Deutsche angesehen (Bismarck zum Beispiel sah sie so), sondern man kam überwiegend zu der Auffassung: „Sie verderben uns.“ So sieht es hier auch der Pharao.

Wohlan, wir wollen sie mit List niederhalten, dass sie nicht noch mehr werden.

Wer List benutzt, dem wird entsprechend vergolten, denn er schafft eine Atmosphäre der List. Genau das geschieht in dieser Geschichte: Die Hebammen reagieren listig auf die Anordnungen des Pharaos.

Denn wenn ein Krieg ausbräche, könnten sie sich auch zu unsern Feinden schlagen.

Dieses Thema ist ganz aktuell für uns am Ende der Tage. Entgegen den Vereinbarungen des Oslo-Vertrags sammeln die Palästinenser Waffen im Gaza-Streifen, sie werden dort hineingeschmuggelt. Sie haben doppelt so viele Soldaten im Land wie vertraglich festgelegt – sie nennen sie Polizisten –, und sie bereiten sich vor, eine fünfte Kolonne für den nächsten Krieg mit Israel aufzustellen. Das ist eine ernst zu nehmende Tatsache. Doch in der Weltpresse wird wenig davon berichtet.

Und man setzte Fronvögte über sie, die sie mit Zwangsarbeit bedrücken sollten. Und sie bauten dem Pharao die Städte Pitom und Ramses als Vorratsstädte.

Es steckt eine gewisse Ironie darin, dass die Idee, Vorratsstädte zu bauen, ursprünglich von Josef stammte. Und jetzt wird die Entscheidung von damals gegen Israel benutzt. Der Satan, der Widersacher Gottes, versucht, Gottes Mittel nachzuahmen und gegen Gott selbst und gegen sein Volk einzusetzen.

Aber je mehr sie das Volk bedrückten, desto stärker mehrte es sich und breitete sich aus. Und es kam sie ein Grauen an vor Israel.

Es ist eine alte Tatsache, dass die Gläubigen durch Unterdrückung gestärkt werden, denn dadurch entsteht ein neuer Zusammenhalt. Wenn man in Ostdeutschland fragt, was dort für die Christen gefährlicher war: die Unterdrückung unter dem Kommunismus oder die schleichende Liberalisierung unserer Zeit, bekommt man zur Antwort: „Die jetzige Zeit ist für uns gefährlich, nicht die Zeit der Unterdrückung, die hat uns damals enger zusammengebracht." Durch Israels ganze Geschichte hindurch hat Gott Verfolgung und Unterdrückung seines Volkes als Mittel gebraucht, um das Volk zum Gehorsam ihm gegenüber und zur Einheit untereinander zu bringen. Das zieht sich durch die gesamte Bibel, in der Auseinandersetzung mit den Assyrern, den Babyloniern usw., und es geht in der nachbiblischen Zeit weiter. Da kommt ein Grauen auf bei der Vorstellung dieser überstarken Israeliten, der gefährlichen Juden. So ist das in verschiedenen Zeiten gewesen, gerade – und das ist das Paradoxe daran – als sich die Juden assimiliert hatten und für die Völker da waren, unter denen sie lebten. Dafür wurden sie verfolgt, vor allem im nationalsozialistischen Deutschland, aber auch in vielen anderen Ländern, als ob sie Gegner ihrer Gastvölker wären.

Da zwangen die Ägypter die Israeliten unbarmherzig

zum Dienst und machten ihnen ihr Leben sauer mit schwerer Arbeit in Ton und Ziegeln und mit mancherlei Frondienst auf dem Felde, mit all ihrer Arbeit, die sie ihnen auflegten ohne Erbarmen.

„Ohne Erbarmen“, das ist eine Erfahrung, die wir (ich spreche hier als Jude) mit den Assyrern, den Babyloniern, den Griechen und den Römern bis hin zu den Nazis und den islamischen Völkern unserer Zeit gemacht haben. Es herrscht eine Erbarmungslosigkeit gegenüber Gottes Erwählten. Auch als Christen dürfen wir von der Welt kein Erbarmen erwarten. Von unserem Herrn erwarten wir Erbarmen, Stärkung im Leiden und Führung in der Not, aber nicht von der Welt. Die Welt züchtigt uns. (Röm 13)

Die Hebammen gehorchen dem Pharao nicht (2. Mose 1,15–22)

Und der König von Ägypten sprach zu den hebräischen Hebammen, von denen die eine Schifra hieß und die andere Pua: Wenn ihr den hebräischen Frauen helft und bei der Geburt seht, dass es ein Sohn ist, so tötet ihn; ist's aber eine Tochter, so lasst sie leben.

Auf diese Weise würde das Volk mit der Zeit aussterben oder sich mit den ägyptischen Völkern vermischen, weil es keine Männer mehr im Land gäbe. Aus Sicht der Ägypter würden die Hebräer dann keine Gefahr mehr darstellen, denn normalerweise führen die Frauen keine Kriege.

Aber die Hebammen fürchteten Gott und taten nicht, wie der König von Ägypten ihnen gesagt hatte, sondern ließen die Kinder leben.

Das Verhalten der Hebammen hat uns etwas zu sagen, wenn wir über die Abtreibung nachdenken, denn hier gibt es gewisse Ähnlichkeiten. Eigentlich ist ein neugeborenes Kind hilfloser als ein Kind im Mutterleib. Warum machen wir so einen großen Unterschied? Ein Kind, das abgetrieben wird, sollte im Mutterleib geschützt sein. Diese Hebammen fürchten Gott, sie wissen: „Wir sollen nicht töten, Gott will das nicht.“ Noch bevor die Zehn Gebote gegeben werden, wissen sie, dass das Unrecht ist. Das bedeutet, es liegt in der Natur des Menschen zu wissen, dass Töten übel ist. Aber diese natürliche Erkenntnis wird oft ausgeblendet und so kommt es auf unnatürliche Weise zu Hass und Ausrottung von anderen.

Da rief der König von Ägypten die Hebammen und sprach zu ihnen: Warum tut ihr das, dass ihr die Kinder leben lasst?

Sie tun es, weil sie Hebräer sind. Sie wissen, zu welchem Volk sie gehören, und sie wissen, dass es unrecht ist zu töten. Und ich muss sagen: Ein Jude hört niemals auf, ein Jude zu sein. Sosehr ich dem Glauben nach Christ bin, gerate ich doch immer außer mich, wenn ich irgendeiner Form von Antisemitismus begegne oder mit dem Hass gegen die orthodoxen Juden oder gegen Israel konfrontiert werde. Ein Jude hört niemals auf, ein Jude zu sein. Das bezeugt die ganze

Mose-Geschichte. Auch Jesus starb als „König der Juden“. (Joh 19,19)

Die Hebammen antworteten dem Pharao: Die hebräischen Frauen sind nicht wie die ägyptischen, denn sie sind kräftige Frauen. Ehe die Hebamme zu ihnen kommt, haben sie geboren.

Das ist eine merkwürdige Aussage, dass die Israeliten stärker seien als die Ägypter. Wer Notlügen unter allen Umständen ablehnt, sollte sich diesen Text genau anschauen. Hier finden wir eine offensichtliche, biblisch bezeugte Notlüge, und es gibt noch mehr davon in der Bibel. Aber wir müssen auch auf den Zusammenhang achten: Es geht um Leben und Tod! Das bedeutet nicht, dass Notlügen an sich gut sind, ganz bestimmt nicht! Aber als immer wieder schuldig werdende Menschen können wir in eine Lage geraten, wo wir nur die Wahl zwischen zwei Übeln haben, und dann müssen wir das geringere Übel wählen. In dieser Situation hier sind Notlügen sicher ein geringeres Übel als das Töten.

Darum tat Gott den Hebammen Gutes.

Was bedeutet „Gutes“? Viele Christen meinen, wenn man an Gott glaubt, dann ist alles im Lot und es gibt keine Probleme mehr. So ist es nicht! „Gutes“ bedeutet gut in Gottes Sinn. Das kann innere Not sein, aber dann auch Führung durch diese Not. Als ich zum Glauben an Jesus Christus fand, kamen ganz neue Schwierigkeiten in mein Leben: Es gab Spannungen mit meinen Eltern. Das dauerte Jahrzehnte. Meine Frau und ich wurden in dieser Zeit nur von dem Text begleitet: „Wer Vater oder Mutter mehr liebt als mich, der ist meiner nicht wert." (Mt 10,37) Die naive Vorstellung, dass es um „Gutes" in unserem Sinne geht, ist ganz unbiblisch. Gott tat ihnen Gutes in seinem Sinn. Auch die Zusage: „Bittet, so wird euch gegeben", gilt nur, wenn wir in seinem Sinn bitten: Sein Wille geschehe. Und sein Wille ist öfters ein Wille, der uns züchtigt, damit wir ihm gehorchen.

Und das Volk mehrte sich und wurde sehr stark. Und weil die Hebammen Gott fürchteten, segnete er ihre Häuser. Da gebot der Pharao seinem ganzen Volk und sprach: Alle Söhne, die geboren werden, werft in den Nil, aber alle Töchter lasst leben.

Die Unterdrückung wird immer stärker. Und wir wissen, wer in der Nachfolge dieses Pharao steht – von „Arbeit macht frei" geht es Schritt für Schritt bis hin zum Mord. Gemeint ist natürlich Adolf Hitler.

Moses Geburt und wunderbare Rettung (2. Mose 2,1–10)

Und es ging hin ein Mann vom Hause Levi und nahm ein Mädchen aus dem Hause Levi zur Frau.

Dieser Mann und diese Frau stammen aus dem abgesonderten Stamm, der kein Land für sich in Anspruch nehmen darf, sondern nur dem Herrn geweiht ist. Und wie das Haus und das Geschlecht Moses für den Herrn ausgesondert sind, so gibt es in der Bibel immer wieder Menschen, die dem Herrn geweiht sind, bis hin zu dem endgültigen Geweihten des Herrn, dem Messias. Sein ganzes Hab und Gut ist des Herrn und er lebt in totalem Gehorsam: Jesus von Nazareth.

Und sie ward schwanger und gebar einen Sohn.

Wenn man diesen Satz hört, denkt man sofort an die Weihnachtsgeschichte. Mose ist die wichtigste Vorausdeutung auf Jesus im Alten Testament. Im ganzen Alten Testament wimmelt es von Vorausdeutungen auf Jesus. Die Person Josefs ist ihm menschlich am nächsten. Wie Josef wird er verraten und verkauft und zu Unrecht beschuldigt, doch wie Josef verliert er nicht das Vertrauen auf Gott und verzeiht denen, die ihm Böses wollten. Über David und seine Nachkommen geht der Königsweg zu „Jesus, dem Sohn Davids". Und die Wunderheilungen, die bei Elia und Elisa geschehen, weisen voraus auf die Wunderheilungen Jesu.

Bei Mose geht es jedoch um viel mehr: „Ihr habt gehört, dass (durch Mose) zu den Alten gesagt ist ... ich aber sage euch ..." (Mt 5,21ff.), es geht um das Gesetz, um Gottes Gerechtigkeit. Es geht um die Befreiung von Gottes Volk aus Ägypten und um unsere Befreiung aus der Knechtschaft von Sünde und Tod durch Jesus. Es geht darum, dass Mose sein Volk durch die Wüste führt und dass Jesus uns als der gute Hirte bis in sein heiliges Land führt. Das ist die tiefe und richtige Art, das Alte Testament zu lesen – als Jesu Selbstzeugnis: „Ich bin nicht gekommen, aufzulösen, sondern zu erfüllen.“ Seine Bibel ist das Alte Testament.

Und als sie sah, dass es ein feines Kind war, verbarg sie ihn drei Monate.

Sie versteckt ihn, so lange es geht! Sie bringt ihr eigenes Kind nicht um.

Als sie ihn aber nicht länger verbergen konnte, machte sie ein Kästlein von Rohr und verklebte es mit Erdharz und Pech ...

Genau so machte es auch Noah mit seiner Arche, nur dass Moses Boot hier viel kleiner ist. Die Gemeinde Gottes ist auf den Meeren der Zeit unterwegs: „Ein Schiff, das sich Gemeinde nennt ...“ Und so sehen wir den Bogen, der sich von Noah über Mose bis hin zu Jesus von Nazareth spannt, der im Boot von Petrus predigte.

... und legte das Kind hinein und setzte das Kästlein in das Schilf am Ufer des Nils.

Fließendes Wasser ist ein Bild für Reinheit, das sich durch die ganze Bibel zieht. Wasser bedeutet Leben und Reinheit vor dem Herrn. Dieses Bild ist sowohl alt- als auch neutestamentlich bezeugt.

Aber seine Schwester stand von ferne, um zu erfahren, wie es ihm ergehen würde.

Wie ihre Mutter gibt die Schwester Mose nicht auf. Die Gemeinde lebt von der durchhaltenden und treuen Kraft der Frauen. Es sind auch Frauen, die nach der Kreuzigung als Erste zu Jesu Grab kommen.

Und die Tochter des Pharao ging hinab und wollte baden im Nil ...

Das ist kein Zufall, der Herr führt sie gerade dahin, wo Mose ist.

... und ihre Gespielinnen gingen am Ufer hin und her. Und als sie das Kästlein im Schilf sah, sandte sie ihre Magd hin und ließ es holen.

Das ist etwas sehr Ungewöhnliches – ein kleines Kästlein im Wasser – und man ist neugierig, was es sein könnte.

Und als sie es auftat, sah sie das Kind, und siehe, das Knäblein weinte.

Dieses Weinen erweckt Mitleid. Wir Männer wissen, was eine Frau mit ihren Tränen erreichen kann, oft macht sie damit unser Herz weich. Bei der Tochter des Pharaos und dem kleinen Mose ist das hier nicht anders. Sein Weinen weckt ihren tiefen mütterlichen Instinkt.

Da jammerte es sie, und sie sprach: Es ist eins von den hebräischen Kindlein.

Sie weiß sicherlich von dem Befehl ihres Vaters, sie weiß, dass dieses Volk als feindlich betrachtet wird, und trotzdem hält sie zu Mose. Genauso hat es in Deutschland im Dritten Reich, als der Todesbefehl gegen die Juden vollstreckt wurde, auch Menschen gegeben, die so genannten „Gerechten unter den Heiden“, die Juden versteckt und ihnen geholfen haben. Die Gründe dafür waren sicher unterschiedlich, aber das ist nicht das Wesentliche. Was zählt, ist, dass sie zu diesem Volk hielten, als es in Not war. Im Lauf der Leidensgeschichte Israels gab es immer wieder Menschen, die so handelten, vielleicht aus Mitleid oder aus der Erkenntnis: Das ist Gottes Volk, und zu diesem Volk stehen wir. Diese Erkenntnis ist für uns Christen am Ende der Tage in unserer Beziehung zu dem bedrängten und isolierten Israel sehr wichtig.

Da sprach seine Schwester zu der Tochter des Pharao: Soll ich hingehen und eine der hebräischen Frauen rufen, die da stillt, dass sie dir das Kindlein stille?

Das bedeutet, dass Mose mit der Muttermilch die Erkenntnis des vierfachen Segens Abrahams (1. Mose 12,2–3) aufnehmen wird. Er wird von der Treue Gottes und von Jahwe, dem Herrn der Geschichte, dem Gott Abrahams, Isaaks und Jakobs erfahren.

Die Tochter des Pharao sprach zu ihr: Geh hin. Das Mädchen ging hin und rief die Mutter des Kindes. Da sprach die Tochter des Pharao zu ihr: Nimm das Kindlein mit und stille es mir; ich will es dir lohnen.

So erhält die Mutter nicht nur die Möglichkeit, Mose zu stillen, sondern sie wird noch belohnt für diesen

Dienst – einen Dienst, der gegen die Gesetze des Staates ist. Wie oft sind im Lauf der Geschichte die Gesetze eines Staates gegen Gottes Volk gerichtet gewesen oder sind so verdreht worden, dass man sie gegen die Juden missbrauchen konnte!

Die Frau nahm das Kind und stillte es. Und als das Kind groß war, brachte sie es der Tochter des Pharao ...

Was „groß" bedeutet, wissen wir nicht. Man nimmt an, dass die Mütter damals etwa vier Jahre lang gestillt haben. Aber wir wissen, dass sie ihm nicht nur Milch gegeben hat, sondern auch die Erkenntnis, wer er selbst ist und immer bleiben wird, nämlich ein Jude, ein Israelit. Und sie hat ihm erzählt, wie Gott Abraham gesegnet hat, und dass er zu diesem Volk steht.

... und es ward ihr Sohn, und sie nannte ihn Mose ...

Lebensgeschichten wie diese gibt es viele in Israels Geschichte. Immer wieder sind Menschen, die aus dem Volk Israel stammen, unter anderen Völkern in hohe Stellungen gekommen, zum Beispiel Bruno Kreisky in Österreich oder Benjamin Disraeli in England. Und immer wieder stehen diese Menschen vor der Frage: „Tue ich das für mein Volk oder will ich mich so mit dem anderen Volk identifizieren, dass ich im Zweifelsfall gegen mein eigenes Volk handle?" Leute wie Madeleine Albright, Henry Kissinger und viele prominente Juden heute, zum Beispiel in Amerika, müssen sich diese Frage stellen. Sind sie sich bewusst, zu welchem Volk sie letzten Endes gehören?

Denn Gott entscheidet, wer ein Jude ist. Madeleine Albright zum Beispiel, die 1997 Außenministerin der USA wurde, ist sehr von dem geprägt, was ihr zunächst verschwiegen wurde, nämlich dass drei ihrer Großeltern als Juden in Konzentrationslagern umgebracht worden sind. Die Frage ist: Wird die Position, die wir Juden erreichen, im Sinne unseres Volkes genutzt oder nicht? Gehören wir der Welt an oder gehören wir Gottes Volk an?

Und als Christ und Jude stellt man sich diese Frage doppelt, denn man gehört zu zwei Völkern.

... denn sie sprach: Ich habe ihn aus dem Wasser gezogen.

Das verweist uns auf die Taufe: herausgeholt aus dem Tod, erweckt zu neuem Leben im Herrn, gereinigt für den Herrn. Es ist eine zentrale Vorausdeutung auf die neutestamentliche Taufe.

Moses Flucht nach Midian

Mose erschlägt einen Ägypter (2. Mose 2,11–14)

Zu der Zeit ...

„Zu der Zeit“ bedeutet zu Gottes Zeit. Es ist der Moment, in dem er seinen heilsgeschichtlichen Plan nach seinem Willen weiterführt. Gottes Zeit ist nicht unsere Zeit. „Von dem Tage aber und von der Stunde weiß niemand, auch die Engel im Himmel nicht, auch der Sohn nicht, sondern allein der Vater“, sagt Jesus über seine Wiederkunft. (Mt 24,36) Unsere Zeit ist vergänglich, Gottes Zeit ist unvergänglich. Er steht über der Zeit. Und auch sein Heilsplan hat das Ziel, dass sein Reich durch den Tod und die Auferstehung Jesu unvergänglich wird.

Zu der Zeit, als Mose groß geworden war, ging er hinaus zu seinen Brüdern ...

Wir sind Brüder und Schwestern in Jesus, und wir haben auch leibliche Brüder und Schwestern. Meine leiblichen Geschwister sind natürlich die Israeliten.

... und sah ihren Frondienst und nahm wahr, dass ein Ägypter einen seiner hebräischen Brüder schlug.

Mose weiß, zu wem er gehört. Er ist kein Ägypter, er ist Israelit. Diese Zugehörigkeit zum jüdischen Volk darf nicht als nebensächlich betrachtet werden. Die christlichen Kirchen haben sie teilweise so aus dem

Blick verloren, dass sie die Inschrift über Jesu Kreuz vergessen haben: „Jesus von Nazareth, König der *Juden*". Sie haben übersehen, dass die Juden immer noch Gottes auserwähltes Volk sind: „Gottes Gaben und Berufung können ihn nicht gereuen." (Röm 11,29) Und sie haben nicht erkannt, dass eine tiefe Verbindung zwischen jüdischem Leiden und Jesu Kreuzesleiden besteht. In dieser Beziehung hat die Kirche ihren Auftrag verfehlt. Das hat dazu geführt, dass in gewissem Sinn im Dritten Reich Jesus und Petrus und Paulus vergast wurden. Die Kirche hat wenig dagegen getan.

Da schaute er sich nach allen Seiten um ...

So ist der weltliche Mensch: Er will sicher sein.

... und als er sah, dass kein Mensch da war, erschlug er den Ägypter und verscharrte ihn im Sande.

Mose begeht einen Mord. Dieser Mord ist durch den Massenmord verursacht worden, den die Ägypter begangen haben. Aber das ist keine Rechtfertigung. Moses Verhalten zeigt, dass er ein brennender Eiferer für den Herrn ist, aber die Methoden, die er benutzt, sind nicht die richtigen. Gott wird an Mose arbeiten, ihn alt werden lassen, diesen Knecht, der unwillig ist, diesen Stotterer, der nicht zurückkommen will. Und gerade dann wird er der richtige Knecht für Gott sein. Gott ist nicht da, um uns und unsere Methoden zu verherrlichen. „Heile mich!", „Tue mir das!" – so etwas hört man heute ständig. Aber das sind nicht Gottes Wege. Gottes Wege dienen dazu, uns zu züchtigen, dass wir als wahre Knechte in Demut aus der Kraft seines Kreuzes leben. Das ist dann wirklich göttliche Kraft. „Wer mir nachfolgen will, der verleugne sich selbst und nehme sein Kreuz auf sich und folge mir nach“, sagt Jesus. (Mk 8,34)

Am andern Tage ging er wieder hinaus und sah zwei hebräische Männer miteinander streiten ...

Das ist so typisch! Als ob die Unterdrückung durch die Ägypter nicht schlimm genug wäre, fangen sie auch noch an, miteinander zu streiten! Gott will Einigkeit unter den Hebräern. Er will auch Einigkeit unter den Christen, allerdings nicht eine Einheit unter dem Papst oder unter dem Weltkirchenrat, die wir nicht akzeptieren können. Die Einheit, die Gott will, wird eine Einigkeit im Geist sein, unter allen Gläubigen in allen Konfessionen, die Gott gehören. Diese Einheit wird erst in seinem Reich wiederhergestellt werden, so wie Jesus durch die Berufung von zwölf Jüngern zeichenhaft die zwölf Stämme Israels wiederhergestellt hat.

... und sprach zu dem, der im Unrecht war: Warum schlägst du deinen Nächsten?

Wir kennen das Gebot: „Du sollst deinen Nächsten lieben!“ (Mt 5,34) Das bedeutet: „Du sollst deinen Nächsten nicht hassen, vor allem dann nicht, wenn dieser Nächste dein Bruder ist und zu deinem Volk gehört.“ Halten sich Christen an dieses Gebot, wenn sie übereinander meckern und wenn sie durch ihre Selbstrechtfertigung und die Betonung der eigenen besonderen Gaben Gemeinden spalten?

Er aber sprach: Wer hat dich zum Aufseher oder Richter über uns gesetzt?

Jesus sagt: „Wer hat mich zum Richter über euch gesetzt?" (Lk 12,14) Er ist bei seiner ersten Ankunft nicht als Richter gekommen, sondern als Retter. Aber durch unseren Glauben oder durch unseren fehlenden Glauben an sein Kreuz und an seine Auferstehung richten wir uns selbst: „Wer an ihn glaubt, der wird nicht gerichtet; wer aber nicht glaubt, der ist schon gerichtet" (Joh 3,18).

Willst du mich auch umbringen, wie du den Ägypter umgebracht hast?

Es ist so schlimm, dass hier Juden gegen Juden stehen. Der Mann merkt gar nicht, dass Mose ein Hebräer ist und den Hebräern helfen will, und er greift ihn in dieser Art an. Das ist das Allerschlimmste, wenn wir Leute angreifen, die uns helfen und zu uns stehen wollen. Genauso ist es Jesus mit seinem eigenen Volk und den Führern seines eigenen Volkes ergangen: Er kam, um Israel zu erretten, und sie wollten ihn nicht haben.

Da fürchtete sich Mose und sprach: Wie ist das bekannt geworden? Und es kam vor den Pharao; der trachtete danach, Mose zu töten.

Obwohl seine Tochter Mose so liebt und ihn als Kind zu sich genommen hat, will der Pharao ihn töten.

Mose flieht nach Midian (2. Mose 2,15–21)

Aber Mose floh vor dem Pharao und hielt sich auf im Lande Midian.

Kurz nach seiner Geburt mussten Maria und Josef mit Jesus nach Ägypten fliehen, weil König Herodes ihm nach dem Leben trachtete – eine sehr interessante ähnliche Geschichte. Die Welt ist gegen den Erwählten Gottes. Aber Gott schützt seinen Erwählten, er verfolgt seinen heilsgeschichtlichen Weg, er schützt seinen Mose und er schützt seinen Jesus.

Und er setzte sich nieder bei einem Brunnen.

Ein Brunnen, fließendes Quellwasser, das bedeutet Leben. Wasser ist Leben und unter Wasser ist Tod und Leben. Wir werden hier auch an das Gespräch zwischen Jesus und der Samariterin am Brunnen erinnert. (Joh 4)

Der Priester aber in Midian hatte sieben Töchter …

Sieben ist die Schöpfungszahl.

… die kamen, Wasser zu schöpfen …

Fließendes Wasser bedeutet Reinheit – hier beginnt der Weg zur endgültigen Reinheit, die Jesus verkörpert.

... und füllten die Rinnen, um die Schafe ihres Vaters zu tränken. Da kamen Hirten und stießen sie weg.

Das ist eine alte Geschichte, die sich durch die ganze Bibel zieht: die Geschichte von den guten und den schlechten Hirten. Die wichtigsten guten Menschen im Alten Testament waren Hirten. Ich möchte nur einige nennen: Abel, Abraham, Jakob bzw. Israel, Mose, David, und es gab noch viele andere gute Hirten. David bezeugt in Psalm 23, dass der wahre gute Hirte, der ihn führt, Gott ist. Und Jesus bezeichnet sich selbst als den guten Hirten.

Aber im gesamten Alten Testament findet man auch die schlechten Hirten. Bei den Propheten ist das ein zentrales Thema. Die wichtigsten Aussagen dazu stehen in Hesekiel 34, Jeremia 23 und Sacharja 11. Immer wieder wird angeprangert, dass die Hirten Israels sich selbst weiden, das heißt, auf ihren eigenen Vorteil bedacht sind, ihre eigenen Wege gehen.

Wir müssen uns fragen: Wie steht es denn mit uns als Hirten? Wie war das mit der Synagoge, die versagt hat, als Jesus kam? Wie war es mit den katholischen Hirten, die versagten, als Martin Luther das Evangelium brachte? Sind wir heute wirklich Hirten des biblischen Wortes? Denn es geht nicht um das Wort der Demokratie, des Zeitgeistes und der Toleranz, sondern um das biblische Wort. Es geht um gute und schlechte Hirten. Letzten Endes versagen alle Hirten – deswegen kommt Jesus als der wahre gute Hirte wieder.

Mose aber stand auf und half ihnen und tränkte ihre Schafe.

Mose erweist sich hier als guter Hirte.

Und als sie zu ihrem Vater Reguël kamen, sprach er: Warum seid ihr heute so bald gekommen? Sie sprachen: Ein ägyptischer Mann stand uns bei gegen die Hirten und schöpfte für uns und tränkte die Schafe.

Es ist interessant, dass Mose hier als Ägypter betrachtet wird und damit sowohl zum jüdischen Volk gehört als auch zum ägyptischen. Mir fällt dabei Paulus ein, der Jude und Christ war und sich in einer Situation mit seiner römischen Staatsangehörigkeit gerettet hat.

Er sprach zu seinen Töchtern: Wo ist er? Warum habt ihr den Mann draußen gelassen? Ladet ihn doch ein, mit uns zu essen.

Bei der Einladung zur Tischgemeinschaft geht es in diesem Teil der Welt einfach um Freundlichkeit, um die Betonung der Gastfreundschaft; aber hier geht es auch um die Tischgemeinschaft eines guten Priesters der Heiden (wir denken hier an einen noch viel besseren, nämlich Melchisedek) mit dem Verheißungsträger Israels. Das sagt etwas über die Zukunft, in der es zwei Bünde geben wird: den Bund mit Israel und den Weg zu den Heiden.

Und Mose willigte ein, bei dem Mann zu bleiben. Und er gab Mose seine Tochter Zippora zur Frau. Die ge-

bar einen Sohn und er nannte ihn Gerschom; denn, sprach er, ich bin ein Fremdling geworden im fremden Lande.

„Ein Fremdling geworden im fremden Lande", das ist eine elementare Erfahrung für uns Juden. Wir sind nur ein Wandervolk auf Erden, fremd, wir haben keine Heimat hier, denn unsere tiefste Zugehörigkeit ist bei dem Herrn.

Und wie ist es mit uns Christen? Wir sind auch Fremdlinge auf Erden. Aber viele von uns haben sich fest angesiedelt und denken insgeheim, wie es Manfred Siebald formuliert: „Ja, komm, Herr Jesus – aber nicht so bald." Das bedeutet, wir genießen diese Welt, wir lieben es, in dieser Welt zu leben. Diese Haltung ist eine Gefahr für mich und für uns alle. Wir müssen lernen, dass wir Fremdlinge sind. Wir alle sind Fremdlinge, denn wir sind dem Tod geweiht.

Gott hört das Schreien der Israeliten (2. Mose 2,23–25)

Lange Zeit aber danach starb der König von Ägypten. Und die Israeliten seufzten über ihre Knechtschaft und schrien, und ihr Schreien über ihre Knechtschaft kam vor Gott.

Dies ist wieder ein Thema, das sich durch die ganze Bibel zieht: Israel schreit in der Not. Wir finden das zum Beispiel durchgängig im Buch Richter, und es wiederholt sich in allen Verfolgungen, dieses Schreien in der Not. Und wenn die Menschen seines Volkes so leiden, hört Gott sie und kommt zu ihnen und hilft ihnen. Mit der Berufung von Mose hat er diese Hilfe aber schon lange vorher in die Wege geleitet. Das bedeutet: Wenn den Menschen ihr Problem schmerzlich bewusst wird, hat Gott schon längst die Antwort gegeben. Von Anbeginn her hat Gott die Antworten gegeben, nicht nur hier mit Mose, sondern mit Jesus Christus, seinem eingeborenen Sohn.

Und gilt das auch für das Dritte Reich? Kam das Schreien von uns Juden damals vor Gott, in dieser schrecklichen Verfolgung, wo sechs Millionen getötet wurden? Ja, denn das schwere Leid hatte zur Folge, dass genau drei Jahre später der vormessianische Staat Israel gegründet wurde. Das sind Gottes Wege – zum Teil sind es schreckliche Wege für uns. Diese Schrecknisse werden nicht von Gott verursacht, sondern vom Satan, aber Gott kommt ans Ziel. Er bringt das Volk zurück, den zehnten Teil, so wie er es in den Propheten verheißen hat. 600 000 Juden gründeten den vormessianischen Staat Israel, und so wird der Weg zur Wiederkunft Jesu und seinem Tausendjährigen Friedensreich bereitet. Es wird in schrecklichen Geburtsschmerzen hervorgebracht. Der Grund dafür sind wir selbst, unsere Verlorenheit, die Schrecken des Bösen.

Wer das Böse verleugnet und sagt: „Ach ja, das war damals so eine Zeit, aber wir sind besser", der sieht nicht in sein eigenes Herz. Ich kann mich gut erinnern: Als ich 16 Jahre nach Auschwitz eine Deutsche heiraten wollte, gingen meine Eltern mit mir zum Konzentrationslager Dachau. Mein Vater sagte: „Das ist es, was dieses Volk an uns getan hat." Und ich antwortete: „Ja, das war das Schrecklichste, was je in der Weltgeschichte passiert ist." – „Und du willst eine Deutsche heiraten?" Da sagte ich zu ihm: „Vater, dies offenbart uns das Böse in den Menschenherzen – nicht nur der Deutschen gegen Juden, sondern in uns allen."

„Das Dichten und Trachten des menschlichen Herzens ist böse von Jugend an", das stellt Gott vor und nach der Sintflut fest. (1. Mose 6,5; 8,21)

Und Gott erhörte ihr Wehklagen und gedachte seines Bundes mit Abraham, Isaak und Jakob.

Gott ist der Herr der Geschichte, Jahwe bleibt derselbe auch im Wandel der Zeiten.

Und Gott sah auf die Israeliten und nahm sich ihrer an.

Zuerst sind es einzelne Verheißungsträger – Abraham, Isaak und Jakob, auch Josef –, mit denen Gott geht. Jetzt wird das Volk angenommen – in der Knechtschaft! „Ich bin der Herr, dein Gott, der ich dich aus Ägyptenland, aus der Knechtschaft, geführt habe. Du sollst keine anderen Götter haben neben mir." (2. Mose 20,2) Dem steht gegenüber, was Jesus für uns getan hat: „Ich bin dein Herr und Heiland, der ich dich aus der Knechtschaft des Bösen und der Sünde herausgeholt habe. Du sollst keinen Gott neben mir haben."

Moses Berufung und Rückkehr nach Ägypten

Gott beruft Mose (2. Mose 3,1–12)

Mose aber hütete die Schafe Jitros ...

Mose als der gute Hirte steht in einer großen alttestamentlichen Tradition, die bis zum Gott Davids („Der Herr ist mein Hirte!“) und bis zu Jesus hinführt, der sich als der gute Hirte bezeugt, der sein Leben für die Schafe lässt.

... seines Schwiegervaters, des Priesters in Midian, und trieb die Schafe über die Steppe hinaus und kam an den Berg Gottes, den Horeb.

Jetzt kommt es zu einer zentralen Begegnung – auf dem Berg. Es ist immer auf einer Höhe, wo Gottheit und Menschheit sich treffen. Dieser Treffpunkt zwischen Himmel und Erde hat etwas Zeichenhaftes an sich. Er begegnet uns immer wieder in der Bibel. Genannt seien vor allem das zentrale Beispiel, der Hügel Golgatha, oder Berge wie der Horeb, der Sinai, der Karmel und der Berg der Seligpreisungen. Caspar David Friedrich hat das auf einem Gemälde wunderbar dargestellt: Man sieht ein Kreuz, an dem Jesus hängt, die eine Hälfte von ihm – wahrer Gott – ragt über den Berg hinaus, die andere Hälfte – wahrer Mensch – liegt im Schatten des Berges. Gottheit und Menschheit treffen aufeinander, in Jesus verbinden sich beide, der wahre Mensch und der wahre Gott. So stellt er die Ebenbildlichkeit des Menschen mit Gott wieder her.

Und der Engel des Herrn ...

„Der Engel des Herrn" erscheint sehr oft im Alten Testament, zum Beispiel in der Begegnung mit Jakob (1. Mose 32) oder auch mehrmals im Buch Richter (Ri 2,1; 6,12; 13,3). Mit dem „Engel des Herrn" ist nicht Michael, Raphael, Gabriel oder sonst ein Engel gemeint, sondern der Engel des Herrn ist im Alten Testament Gott selbst.

... erschien ihm in einer feurigen Flamme ...

Gott ist ein brennender, eifernder Gott. Diese Flamme ist ein Feuer, das zu Klarheit, zu Reinheit führt, das aber nicht verzehrt, denn Gott hat in seinem Eifer nicht die Zerstörung, sondern das Heil zum Ziel.

... aus dem Dornbusch.

Im Buch Richter taucht der Dornbusch in Jotams Gleichnis als der niedrigste Strauch auf, der zum König über Israel eingesetzt wird, nachdem alle schöneren Bäume das abgelehnt haben (Ri 9). Und im neuen Testament sehen wir Jesus mit der Dornenkrone.

Und er sah, dass der Busch im Feuer brannte und doch nicht verzehrt wurde.

So geht es uns auch, wenn wir mit dem lebendigen Gott leben. Sein Eifer weckt unseren Eifer für ihn und bringt die wahre missionarische Kraft hervor, die aus seinem Eifer kommt. Aber dieser Eifer verzehrt uns nicht, sondern führt zur Ruhe. „Unruhig war mein Herz, bis es Ruhe fand in dir", sagt Augustinus. Und es wurde ein brennender, eifernder Knecht Gottes aus ihm. Er lebte aus der Ruhe Gottes, er war am Ziel angekommen und hatte seinen Frieden, seinen Schalom gefunden, aber er lebte auch aus seinem Eifer.

Da sprach er: Ich will hingehen und die wundersame Erscheinung besehen, warum der Busch nicht verbrennt. Als aber der Herr sah, dass er hinging, um zu sehen, rief Gott ihn aus dem Busch und sprach: Mose, Mose!

Immer wenn es in der Bibel eine Doppelung gibt, bedeutet das eine besondere Betonung, eine Steigerung.

Er antwortete: Hier bin ich.

Er antwortet so wie Abraham als williger Knecht. Gott ruft, und wir antworten: Hier bin ich. Aber Moses Antwort ist nicht eindeutig, das sehen wir in der weiteren Entwicklung.

Gott sprach: Tritt nicht herzu, zieh deine Schuhe von deinen Füßen ...

Dies ist eine Vorausdeutung auf die Fußwaschung, mit der Jesus seinen Jüngern diente. Für uns Menschen gilt: „Erde zu Erde, Asche zu Asche, Staub zum Staub." Gott entblößt uns, aber er will uns endgültig reinigen von unserem Staub und Dreck, durch sein

Kreuz will er uns, die wir an der Erde kleben, die Sünde abwaschen. Die Schuhe auszuziehen ist hier das Zeichen der Demut vor dem Herrn. Die jüdischen Gläubigen setzen sich eine Kipa auf den Kopf, um die Grenze zwischen Gottheit und Menschheit anzuerkennen. In seinem Staub und seiner Vergänglichkeit und seiner Schuld ist der Mensch der Erde und dem Tod verhaftet, aber der lebendige Gott ist da, um diesen Staub und diese Schuld abzuwaschen – das geschieht bei der Fußwaschung durch Jesus und endgültig bei seinem Tod am Kreuz.

... denn der Ort, darauf du stehst, ist heiliges Land.

Die Begegnung mit Gott macht dieses Land zum heiligen Land – es ist ein Hinweis für Israel und die Gemeinde, um seine heilsgeschichtlichen Wege zu erkennen.

Und er sprach weiter: Ich bin der Gott deines Vaters, der Gott Abrahams, der Gott Isaaks und der Gott Jakobs.

Er bezeugt, wer er ist: Er ist der wirkende Gott, der Gott der Geschichte, der seine Knechte durch alle möglichen Irrungen und Wirrungen führt, wie bei Abraham, Isaak und Jakob. Und genau das hat er auch mit Mose vor und ist schon dabei – er hat den Eiferer in dieses fremde Land geschickt. So ist der Herr, und das ist ein zentrales biblisches Thema, nicht nur die Kontinuität seines Wirkens, sondern wie er uns durch Irrungen und Wirrungen bis ans Ziel bringt. So brachte er auch Paulus zur „Geraden Straße“. (Apg 9) Und so wirkt Jesus an uns.

Und Mose verhüllte sein Angesicht; denn er fürchtete sich, Gott anzuschauen.

Wer Gott sieht, muss sterben. Hier zeigt sich Moses Demut und Erkenntnis. Und trotzdem werden wir bei dem großen Mose erleben, wie er im Zwiespalt steckt. Das kennen wir auch von uns, dass wir an dieser Erde kleben und an unseren Sicherheiten und unseren Wegen festhalten.

Und der Herr sprach: Ich habe das Elend meines Volks in Ägypten gesehen und ihr Geschrei über ihre Bedränger gehört; ich habe ihre Leiden erkannt.

Wo ist die letzte Stufe dieses schrecklichen Leidens erreicht? Die letzte Stufe ist Jesu Kreuz. Er litt die schlimmsten Schmerzen, ohne Betäubungsmittel, ohne Wein, als er unsere Schuld und Sünde auf sich nahm und wir, seine Jünger und sein Volk, und die Heiden (in der Person des Pilatus) total an ihm versagten.

Und ich bin herniedergefahren, dass ich sie errette aus der Ägypter Hand und sie herausführe aus diesem Lande in ein gutes und weites Land, in ein Land, darin Milch und Honig fließt, in das Gebiet der Kanaaniter, Hetiter, Amoriter, Perisiter, Hiwiter und Jebusiter. Weil denn nun das Geschrei der Israeliten vor mich gekommen ist und ich dazu ihre Not gesehen habe, wie die Ägypter sie bedrängen, so geh nun hin, ich will dich zum Pharao senden, damit du mein Volk, die Israeliten, aus Ägypten führst.

Gott hat alles vorausgesehen. Aus den schwersten Leiden kommt die große Errettung in ein gutes Land, wo Milch und Honig fließt. Milch, das ist richtige Nahrung. Mose hat sie als Kind von der Brust seiner Mutter bekommen, zusammen mit ihren Worten und seiner Erwählung. Das ist süß wie Honig, das versüßt dieses schreckliche Leiden. Der Weg Jesu geht durch das schreckliche Leiden am Kreuz zur Auferstehung, und er wird alle unsere Tränen abwischen in seinem Reich. Unser Weg geht über Kreuzesnachfolge: „Wer mir nachfolgen will, der verleugne sich selbst, nehme sein Kreuz auf sich und folge mir nach" (Mt 16,24), spricht der Herr, der Gott Israels.

Mose sprach zu Gott: Wer bin ich, dass ich zum Pharao gehe und führe die Israeliten aus Ägypten?

Mose redet hier in Angst – er hat Angst, dass er erkannt wird, Angst vor seinem Auftrag. Er weiß sich klein gegenüber den Weltmächten, aber ihm fehlt die tiefe Erkenntnis, dass der Herr über den Weltmächten steht. Auch das ist ein Thema, das sich durch die ganze Bibel zieht, bis hin zu Jesu Auseinandersetzung mit Pilatus, dem Vertreter des Römischen Reichs, und zur Konfrontation mit den Mächtigen bei Paulus. Das Problem ist, dass wir nur die Mächte und Kräfte sehen, die uns vor Augen sind. Und auch wenn Mose hier eine große Erfahrung mit Gott macht, sagt – anders als bei Paulus und ganz anders als bei Jesus –

trotzdem irgendwo der weltliche, menschliche Realist in ihm: „Nein, das wird zu viel für mich; ich bin nicht in der Lage, das zu tun." Das ist zwar ein Ausdruck von Demut, aber von Demut vor den Menschen, vor menschlichen Gesetzen und Mächten, und nicht von Demut vor Gott – und die muss gelernt werden. „Hier stehe ich, ich kann nicht anders", sagte Luther, und das ist tief biblisch, es ist Demut vor dem Herrn, auch gegen die falschen Gelehrten.

Er sprach: Ich will mit dir sein. Und das soll dir das Zeichen sein, dass ich dich gesandt habe: Wenn du mein Volk aus Ägypten geführt hast, werdet ihr Gott opfern auf diesem Berge.

Gott antwortet: „Ich bin mit dir." Das bedeutet: Der Allmächtige führt dich, er ist stärker als alle Weltmächte. Und dazu gebe ich dir ein Zeichen – aber dieses Zeichen ist ganz zukünftige Musik –, dass du zu diesem gleichen Berg zurückkommst. Hier geschieht die Berufung von Mose und hier wird die Wiederbegegnung mit dem Herrn sein. So war es auch, als Jesus seine Jünger am See Genezareth berief und sie dann als Auferstandener nochmals dorthin sandte, um sie da zu treffen. Unser Anfang – unser Ende. A und O.

„Gott opfern", das bedeutet, seine Herrschaft über uns und alles, was lebt und sich regt, anzuerkennen und die Gemeinschaft, die der Herr, der Gott Israels, mit uns gestiftet hat, anzunehmen. Gottes Herrschaft über sein Volk wird jetzt sichtbar: „Das ist mein Volk, ich habe ihr Leiden gesehen."

Gott offenbart Mose seinen Namen (2. Mose 3,13–22)

Mose sprach zu Gott: Siehe, wenn ich zu den Israeliten komme ...

Er sieht mit menschlichen Augen, nicht mit den Augen der Propheten.

... und spreche zu ihnen: Der Gott eurer Väter hat mich zu euch gesandt!, und sie mir sagen werden: Wie ist sein Name?, was soll ich ihnen sagen?

Der Name ist gleichbedeutend mit dem Wesen. Mose will wissen, mit wem er es zu tun hat. Aber Gottes Wesen dürfen die Israeliten nicht erkennen. Gott wohnt bei ihnen in Dunkelheit. (1. Kön 8,12) Erst wenn wir zu Christus kommen, ihm wie Paulus auf dem Weg nach Damaskus begegnen, erfahren wir seinen wahren Namen, erkennen wir in seinem Sohn einen Teil seiner Person: Jeschua, Jesus, Retter, Helfer.

Gott sprach zu Mose: Ich werde sein, der ich sein werde.

Gott ist der Handelnde, Gott ist in Bewegung. Das ist das Wesen Jahwes – sein heilsgeschichtliches Handeln für Israel, für die Gemeinde Jesu, seelsorgerlich für jeden von uns persönlich. Eingebettet in dieses heilsgeschichtliche Tun – und damit ist die ganze Bibel erfüllt – sind seine Allmacht, seine Liebe, seine Barmherzigkeit, seine Weisheit, seine Gerechtigkeit und noch viel mehr.

Und sprach: So sollst du zu den Israeliten sagen: „Ich werde sein“, der hat mich zu euch gesandt.

„Ich werde sein“, das bedeutet: der wirkende Gott.

Und Gott sprach weiter zu Mose: So sollst du zu den Israeliten sagen: Der Herr (Jahwe), *der Gott eurer Väter, der Gott Abrahams, der Gott Isaaks, der Gott Jakobs, hat mich zu euch gesandt.*

Hier ist eine zweite Bezeichnung: Gott ist der Herr der Geschichte. Er führt das weiter, was er angefangen hat. Aber auch das heißt wieder: Er ist der seiende, der wirkende Gott.

Das ist mein Name auf ewig, mit dem man mich anrufen soll von Geschlecht zu Geschlecht. Darum geh hin und versammle die Ältesten von Israel und sprich zu ihnen: Der Herr, der Gott eurer Väter, ist mir erschienen, der Gott Abrahams, der Gott Isaaks, der Gott Jakobs, und hat gesagt: Ich habe mich euer angenommen und gesehen, was euch in Ägypten widerfahren ist ...

Gott hat diesen ganzen Weg und die Berufung von Mose vorhergesehen, aber das Leiden intensiviert sich, bis Gott dann seinen heilsgeschichtlichen Plan ausführt. So wird die Trübsal am Ende der Tage sein, die Geburtswehen. Wir Christen sagen vielleicht: „Ja, die Juden leiden, aber das ist ihr Auftrag und ihr Weg, das ist ihre Strafe.“ Aber wollen wir wirklich annehmen, dass wir Gottes Volk sind? Jesus sagte beim Abendmahl (Mt 26,27f.): „Trinket alle daraus, das ist mein Blut des Bundes“ – und das ist ein Leidensbund.

... und habe gesagt: Ich will euch aus dem Elend Ägyptens führen in das Land der Kanaaniter, Hetiter, Amoriter, Perisiter, Hiwiter und Jebusiter, in das Land, darin Milch und Honig fließt.

Sie haben nicht die geringste Ahnung, wo dieses Land ist. Aber Gott wirkt, Gott sieht im Voraus, Gott kommt, um seinem Volk zu helfen zu der Zeit, wann er das haben will. Er gestaltet die Zukunft, er ist der seiende, wirkende Gott. Das gilt auch uns ganz persönlich.

Und sie werden auf dich hören.

Gott wird die Ohren der Israeliten öffnen.

Danach sollst du mit den Ältesten Israels hineingehen zum König von Ägypten und zu ihm sagen: Der Herr, der Gott der Hebräer, ist uns erschienen. So lass uns nun gehen drei Tagereisen weit in die Wüste, dass wir opfern dem Herrn, unserm Gott.

Der Auszug durch das Schilfmeer, durch den Tod zu neuem Leben, ist eine Vorausdeutung auf das Kreuz und die Auferstehung, „dem Herrn zu opfern" – wir wissen, dass der Herr sich selbst opfern wird. Drei Tage – so lang dauert es bis zur Auferstehung. Hier ist alles vorhergesagt.

Aber ich weiß, dass euch der König von Ägypten nicht wird ziehen lassen, er werde denn gezwungen durch eine starke Hand.

Diese starke Hand ist Gottes Hand! Es ist Gottes

Hand, die hält, die ruft, die rettet. Der sinkende Petrus wurde mit starker Hand aus dem Wasser gerettet. Die Hand ist das Zeichen seiner geschichtlichen Führung.

Daher werde ich meine Hand ausstrecken und Ägypten schlagen mit all den Wundern, die ich darin tun werde. Danach wird er euch ziehen lassen.

Gott sieht alles im Voraus, und er bestimmt alles im Voraus.

Auch will ich diesem Volk Gunst verschaffen bei den Ägyptern, dass, wenn ihr auszieht, ihr nicht leer auszieht ...

Das heißt: Das Volk wird vorbereitet sein für die Reise, es wird Reichtum haben für den Weg und für die Zukunft.

... sondern jede Frau soll sich von ihrer Nachbarin und Hausgenossin silbernes und goldenes Geschmeide und Kleider geben lassen. Die sollt ihr euren Söhnen und Töchtern anlegen und von den Ägyptern als Beute nehmen.

Was hat der Satan durch Adolf Hitler (Bonhoeffer hat über ihn gesagt: „Der Satan ist in ihn eingegangen.") getan? Er hat als Beute alles von den Juden genommen, das Gold und das Silber, alles was sie hatten, vom so genannten jüdischen Geld bis hin zum Gold in den Zähnen. Hitler hat die jüdische Bibel gut gekannt und mit satanischer Klugheit gegen Gottes eigenes Volk verwendet.

Moses Einwände (2. Mose 4,1–17)

Mose antwortete und sprach: Siehe, sie werden mir nicht glauben ...

Das ist seine menschliche Sicht. Sie werden ihm glauben, aber später nicht immer.

... und nicht auf mich hören ...

Später werden sie auch nicht auf ihn hören.

... sondern werden sagen: Der Herr ist dir nicht erschienen.

Bei Jesus war es so, dass sein Volk an ihn glaubte, solange er Zeichen und Wunder tat – Mose wird jetzt dazu ausgerüstet –, aber als er aufhörte, Zeichen und Wunder zu tun, fielen die Menschen vom Glauben ab. Auch Mose erlebte diese Zweifel vor dem Schilfmeer. Als Gott sein Volk vor dem Schilfmeer warten ließ – denn Gott hat die Geschichte in der Hand und nicht wir, er handelt zu seiner Zeit und nicht zu unserer Zeit –, da riefen sie: „Warum hast du uns das angetan, dass du uns aus Ägypten geführt hast?“ (2. Mose 14,11) Aber dann machte Gott weiter und sie glaubten ihm wieder. Dieses Versagen steckt in jedem von uns, wir glauben oft nur an das, was wir sehen oder berühren können, da ist ein zweifelnder Thomas in uns!

Der Herr sprach zu ihm: Was hast du da in deiner Hand? Er sprach: Einen Stab.

Jetzt gibt der Herr Mose drei Zeichen, und alle haben mit Kreuz, mit Jesus zu tun.

Der Stab ist aus Holz wie das Kreuz.

Der Herr sprach: Wirf ihn auf die Erde. Und er warf ihn auf die Erde ...

Das Kreuz wird auch auf die Erde gestellt.

... da ward er zur Schlange, und Mose floh vor ihr.

Der Schlange wird aber der Kopf zertreten, das verspricht die erste messianische Verheißung (1. Mose 3).

Aber der Herr sprach zu ihm: Strecke deine Hand aus und erhasche sie beim Schwanz. Da streckte er seine Hand aus und ergriff sie, und sie ward zum Stab in seiner Hand.

Der Stab ist die erste Vorausdeutung auf das Kreuz.

Und der Herr sprach: Darum werden sie glauben, dass dir erschienen ist der Herr, der Gott ihrer Väter, der Gott Abrahams, der Gott Isaaks, der Gott Jakobs.

Immer wieder hören wir es: „Ich bin, der ich bin, der Herr der Geschichte und der Gott Abrahams, Isaaks und Jakobs." Das ist Geschichte. Und die Geschichten gehen durch Irrungen und Wirrungen, bis Gott ans Ziel kommt – wann er will, wie er will, zu seiner Zeit. Genauso ist er auch bei uns, so wirkt er bei uns. So schwer es uns auch fällt, wir müssen lernen, dass wir ihn nicht im Griff haben. „Frömmigkeit ist der Entschluss, die Abhängigkeit von

Gott als Glück zu bezeichnen.“ (Hermann Bezzel)

Und der Herr sprach weiter zu ihm: Stecke deine Hand in den Bausch deines Gewandes.

Bei Gewand assoziieren wir Kleid – Kleid der Erwählung – Jesu Kreuzeskleid.

Und er steckte sie hinein. Und als er sie wieder herauszog, siehe, da war sie aussätzig wie Schnee.

Jesus war total verunreinigt am Kreuz: „Ein Aufgehängter ist verflucht bei Gott.“ (5. Mose 21,23) Verflucht und verdammt ist ein Gekreuzigter. Hier ist Moses Hand aussätzig, total unrein.

Und er sprach: Tu sie wieder in den Bausch deines Gewandes. Und er tat sie wieder hinein. Und als er sie herauszog, siehe, da war sie wieder wie sein anderes Fleisch.

Der Weg zu Jesu Kleid der Erwählung führt durch die tiefste gesetzliche Unreinheit zur endgültigen Reinheit bei seiner Auferstehung. Dieses „Kleid der Erwählung“ finden wir bei Josef, hier bei Mose, es ist das Priesterkleid bei Samuel (1. Sam 15), der für Gott sprach, und wir werden weiße Kleider tragen, gereinigt durch Jesu Kreuzesblut, wenn wir bis zum Ende ausharren.

Und der Herr sprach: Wenn sie dir nun nicht glauben und nicht auf dich hören werden bei dem einen Zei-

chen, so werden sie dir doch glauben bei dem andern Zeichen. Wenn sie aber diesen zwei Zeichen nicht glauben und nicht auf dich hören werden, so nimm Wasser aus dem Nil und gieß es auf das trockene Land; dann wird das Wasser, das du aus dem Strom genommen hast, Blut werden auf dem trockenen Land.

Das ist ein Hinweis auf die erste Plage, wo Wasser in Blut verwandelt wird. Bei der Hochzeit zu Kana verwandelte Jesus Wasser – Reinigungswasser – in Wein. Und beim Abendmahl sprach er sein: „Trinket alle daraus, das ist mein Blut des Bundes" (Mt 26,27f.), damit wir mit ihm in seinem Reich Hochzeit feiern können. Die sechs Gefäße bei der Hochzeit zu Kana stehen für die sechs Tage der Schöpfung – und Jesus ist der Schöpfungsmittler. Das erste Zeichen im Johannesevangelium ist hier die erste Plage in Ägypten. Hier erkennen wir den seienden, wirkenden Gott in seinem allumfassenden geschichtlichen Handeln. Das ist wahrhaft biblisches Denken, wenn wir so die großen Linien in der Bibel sehen, denn Gott wirkt einheitlich auf seinem heilsgeschichtlichen Weg im alten und im neuen Bund.

Mose aber sprach zu dem Herrn: Ach, mein Herr, ich bin von jeher nicht beredt gewesen, auch jetzt nicht, seitdem du mit deinem Knecht redest, denn ich habe eine schwere Sprache und eine schwere Zunge.

Er hat Schwierigkeiten beim Sprechen, er ist ein Stotterer. Ein Stotterer, ein Mann, der unfähig ist zu reden, wird der größte Prophet des Herrn! Mit anderen Worten: Gott wirkt alles. Im Hebräerbrief steht, dass Jesus der Hohepriester in alle Ewigkeit und das geopferte Lamm ist. Er ist der Opfernde und das Geopferte. Er tut alles, er ist alles in allem.

Der Herr sprach zu ihm: Wer hat dem Menschen den Mund geschaffen? Oder wer hat den Stummen oder Tauben oder Sehenden oder Blinden gemacht?

Diese Fragen zielen alle auf Jesu Heilungswunder hin: Die Stummen, die Tauben, die Blinden, sie werden geheilt.

Habe ich's nicht getan, der Herr?

Gott hat also auch Behinderung gegeben. Das müssen wir uns bewusst machen, wenn wir behinderte Menschen treffen. Sie sollen Barmherzigkeit in uns erwecken, und sie sollen uns zu der Erkenntnis führen, dass auch wir behindert sind, denn wir alle haben Behinderungen und fehlende Gaben in uns im Bezug auf den Glauben.

So geh nun hin: Ich will mit deinem Munde sein und dich lehren, was du sagen sollst.

Der Herr ist der endgültige Lehrer. Auch in Matthäus 10,19 steht, dass der Herr für uns sprechen wird. Sein heiliger Geist wird für uns sprechen, wenn wir uns bewusst seiner Kraft unterstellen und in unserer Schwachheit, in unserem Verstummtsein ihn und seine Führung annehmen.

Mose aber sprach: Mein Herr, sende, wen du senden willst.

Das klingt sehr fromm, aber er sagt damit nicht: „Sende mich“, sondern: „Du hast den Falschen erwischt.“ Mose steckt im Zwiespalt. Er hat Angst, entdeckt zu werden, er ist ein Stotterer, er ist alt und schwach, er hat sich in Midian als alter, ruheständlicher Hirte angesiedelt, und letzten Endes vertraut er mehr auf das, was er sehen und berühren kann als auf den lebendigen Gott, der ihm erschienen ist! Wenn es schon Mose so geht, müssen wir uns fragen, inwiefern wir ernsthaft glauben, dass beim Herrn nichts unmöglich ist. Wir sollten keine Zeichen und Wunder verlangen wie Gottes Widersacher, sondern darauf vertrauen, dass der Herr mit uns ans Ziel kommen will, auch wenn es durch Leidenswege und Wege der Not geht, die wir nicht annehmen wollen. Zu Petrus sagte Jesus bei ihrer letzten Begegnung am See Genezareth: „Als du jünger warst, gürtetest du dich selbst und gingst, wo du hinwolltest; wenn du aber alt wirst, wirst du deine Hände ausstrecken und ein anderer wird dich gürten und führen, wo du nicht hinwillst.“ (Joh 21,18) Da geht es um Petrus’ Märtyrertum, seinen Tod.

Da wurde der Herr sehr zornig über Mose ...

Jetzt hat Gott genug. Ihn packt der Zorn über seinen größten Knecht im Alten Testament.

... und sprach: Weiß ich denn nicht, dass dein Bruder

Aaron aus dem Stamm Levi beredt ist? Und siehe, er wird dir entgegenkommen, und wenn er dich sieht, wird er sich von Herzen freuen.

Jesus findet Wege und das sind oft nicht unsere Wege. Unsere Sicht der Dinge ist beschränkt. Das lernt jeder Pfarrer und Verkündiger, dass er der wahre Sämann ist. Er spricht Menschen mit Worten an, die wir ohne Erwartung ausgesprochen haben; und er spricht Menschen an, von denen wir nicht erwarten, dass gerade sie angesprochen werden. Er ist es, der handelt, er ist der Sämann, er steht über allem, er spricht zu Mose, er findet Wege und Mittel für ihn: Aaron soll ihn vertreten. „Weg hast du allerwegen, an Mitteln fehlt dir's nicht", heißt es so treffend im Lied von Paul Gerhardt.

Du sollst zu ihm reden und die Worte in seinen Mund legen. Und ich will mit deinem und seinem Munde sein und euch lehren, was ihr tun sollt.

Jesus ist der große Lehrer, der Rabbuni, wie Maria Magdalena ihn als Auferstandenen erkennt. Er lehrt uns seine Wege und Pfade, wie er es haben will, nicht wie wir das sehen. Er sieht in die Menschenherzen und nicht wir.

Und er soll für dich zum Volk reden; er soll dein Mund sein, und du sollst für ihn Gott sein.

Gott redet mit Mose, Mose ist der Vermittler, er redet dann zu Aaron und gibt ihm das Wort weiter wie Gott: „Du sollst für ihn Gott sein." Aaron muss annehmen, was Mose ihm sagt, denn es kommt vom Herrn.

Und diesen Stab nimm in deine Hand, mit dem du die Zeichen tun sollst.

Jetzt ist Mose mit Worten, mit Wegen und mit Zeichen ausgerüstet.

Mose macht sich auf den Weg nach Ägypten (2. Mose 4,18–23)

Mose ging hin und kam wieder zu Jitro, seinem Schwiegervater, und sprach: Lass mich doch gehen, dass ich wieder zu meinen Brüdern komme …

So ähnlich war es bei Jakobs Rückkehr zu seinen Eltern. Er hatte Angst vor Esau, wie Mose Angst vor dem Pharao hat.

… die in Ägypten sind, und sehe, ob sie noch leben. Jitro sprach zu ihm: Geh hin mit Frieden.

Jitro ist ein gutes Beispiel eines heidnischen Priesters, nicht auf dem Niveau wie Melchisedek, aber ein sehr gutes Beispiel. Wir sehen das auch später bei der Beschneidung, seine Tochter kennt sich damit aus, also muss es in Midian üblich gewesen sein.

Auch sprach der Herr zu Mose in Midian: Geh hin und zieh wieder nach Ägypten, denn die Leute sind tot, die dir nach dem Leben trachteten.

Auch die Mörder von Bethlehem starben und Josef und Maria konnten mit Jesus zurückkehren. Jetzt ist es Zeit zurückzukommen.

So nahm denn Mose seine Frau und seinen Sohn und setzte sie auf einen Esel und zog wieder nach Ägyptenland und nahm den Stab Gottes in seine Hand.

Ägyptenland ist hier der Ort von Verfolgung und Unterdrückung; für Josef und später für Jeremia war Ägypten aber auch ein Ort der Zuflucht. Und Ägypten spielt noch eine weitere Rolle in Gottes heilsgeschichtlichem Plan, denn die Friedensstraße aus Jesaja 19 führt von Israel über Ägypten nach Syrien. Diese Friedensstraße ist Jesu Weg, er ist unser wahrer Friede. Er ging nach Ägypten zu den Heiden, das war eine Zeichenhandlung; und die erste heidenchristliche Gemeinde war in Antiochien, in Syrien. Und in Syrien war es auch, wo der große Heidenmissionar Paulus zum Glauben kam.

Und der Herr sprach zu Mose: Sieh zu, wenn du wieder nach Ägypten kommst, dass du alle die Wunder tust vor dem Pharao, die ich in deine Hand gegeben habe.

Auch Jesus hat Wunder getan – und diese Wunder überzeugten die Menschen zunächst. Aber Wunderglaube ist nicht der Weg, in Gottes Reich zu kommen. Es gehört die Erkenntnis dazu, dass er Wunder tun kann, wann und wie er will, nicht wann und wie wir wollen. Die Wundergläubigen in der Wüste kamen nicht ins Heilige Land. Das Volk fiel von Jesus ab, als er aufhörte, Wunder zu tun.

Wunder können Wege Gottes aufzeigen, sie sind Zeichenhandlungen, die Gott tut. Sie geschehen tatsächlich, aber als Zeichen seiner Herrschaft: über das Leben – Lahme werden geheilt –, über die Geisteskraft – Blinde werden geheilt –, über die Krankheit – Aussätzige werden geheilt, das bedeutet, er ist die Reinheit selbst –, über den Tod – Menschen werden vom Tod auferweckt. Das alles sind Zeichen und zugleich tatsächliche Wunder. Aber letzten Endes geht es nicht darum, sondern um Kreuz und Leiden als Weg zur Auferstehung. So ist Israels Leidenszeit in Ägypten die Vorbereitung für den Auszug des Volkes. Und so wird er alle unsere Tränen abwischen, wenn wir in sein Reich kommen, denn nicht mit Halleluja, sondern mit Tränen kommen wir in sein Reich.

Ich aber will sein (des Pharaos) Herz verstocken, dass er das Volk nicht ziehen lassen wird.

Eine solche Verstockung wird dann auch Israel selbst treffen, das lesen wir in Römer 11. Warum wird Israel verstockt? Warum wird eine Binde über Israels Augen gelegt, dass sie Jesus nicht annehmen? Der Grund ist ihre Schuld, aber es dient auch dazu, den Weg zu den Heiden zu weisen, denn der Herr, der Gott Israels, ist für alle Völker da. Gott sagt zu Abraham: „In dir sollen gesegnet werden alle Geschlechter auf Erden." Jesus wird ein Held sein für die Heiden

(1. Mose 49,10), und er wird ein Licht sein für die Heiden. (Jes 42,6)

Und du sollst zu ihm sagen: So spricht der Herr: Israel ist mein erstgeborener Sohn ...

Die Israeliten sind die Ersterwählten Gottes, und gehören ihm damit wie ein Sohn. Es gibt auch das Bild, dass Israel die Braut Gottes ist, ein Bild, das im neuen Bund für die Gemeinde übernommen wird. Die besondere, persönliche Beziehung Gottes zu Israel und zu uns Christen kommt darin zum Ausdruck.

... und ich gebiete dir, dass du meinen Sohn ziehen lässt, dass er mir diene. Wirst du dich weigern, so will ich deinen erstgeborenen Sohn töten.

Israels Auszug dient nicht dem Selbstzweck, sondern das Ziel, das Gott hier für den Auszug seines Volkes nennt, ist es, Gott zu dienen. Das Gottesvolk soll ein Gott dienendes Volk sein, nicht selbstherrlich, sondern auf einem Weg der Verherrlichung seines Gottes.

Moses Sohn wird beschnitten (2. Mose 4,24–26)

Und als Mose unterwegs in der Herberge war, kam ihm der Herr entgegen und wollte ihn töten.

Diese Begebenheit ist eine der tiefgründigsten Stellen im Alten Testament, aber für die meisten Leser heute rätselhaft und unbegreiflich. Wir müssen hier zurückdenken an Gottes Forderung, Abraham solle Isaak töten. Statt Abrahams Opfer anzunehmen zeigte Gott ihm dann aber ein Opfertier, denn Gott wollte nicht, dass Isaak fleischlich getötet wurde. Jeder Mensch gehört ganz und gar Gott, das sollte durch dieses Ereignis klar werden. Aber es brachte auch deutlich zum Ausdruck, dass Gott keine Menschenopfer will. Sie sind ihm ein Gräuel.

Da nahm Zippora einen scharfen Stein und beschnitt ihrem Sohn die Vorhaut und berührte damit seine Scham und sprach: Du bist mir ein Blutbräutigam. Da ließ er von ihm ab.

Diese Beschneidung von Moses Sohn zeigt, dass Israel als Gottes Volk sein erstgeborener Sohn ist und ihm ganz und gar gehört. Dem Herrn ganz und gar zu gehören geht bis in die Substanz, bis ins Blut hinein. Das Leben ist im Blut und das Blut gehört Gott.

Nachdem jeder älteste Sohn der Ägypter in der zehnten Plage vom Todesengel umgebracht worden ist, sagt Gott später (2. Mose 13,1), dass auch in Israel jeder älteste Sohn und überhaupt das Beste von Menschen, Tieren und von der Ernte dem Herrn gehört, als Zeichen dafür, dass letzten Endes ihm alles gehört.

Ich musste als Jude am achten Tag beschnitten und dann am dreißigsten Tag zurückgekauft werden, zeichenhaft vom Herrn zurückgekauft werden, denn als der älteste und einzige Sohn meiner Familie gehört mein Leben bis ins Blut, ja bis in den Tod hinein dem Herrn.

Sie sagte aber Blutbräutigam um der Beschneidung willen.

„Blutbräutigam“ ist so zu verstehen, dass Israels Segen, seine Erwählung, zutiefst mit Leiden zu tun hat, bis ins Fleisch hinein. Genau das ist auch die Situation der Israeliten hier: Sie leben in der Knechtschaft und werden von einer Weltmacht, den Ägyptern, hart unterdrückt.

Dieser Text hat auch einen direkten Bezug zu Jesus Christus. Nicht nur wird Israel hier durch eine Blutstaufe geweiht, sondern Jesus Christus, der einzige und erstgeborene Sohn Gottes, erfüllt den ganzen Sinn dieses Geschehens, indem er für das Volk, ja, für die ganze Welt geopfert wird.

Wir sehen beim Rückblick auf die Opferung Isaaks, die nicht stattfand, und ihrer Erfüllung in Jesu Kreuz, dass Israels Weg ein Leidensweg sein wird. Seine Zugehörigkeit zum Herrn gründet auf diesen Blutsbund. Und wir Christen, das neue Israel, sind in und durch die endgültige Blutstaufe des Herrn am Kreuz auch berufen. Unsere ganze Person soll bis in den Tod ihm geweiht sein. Jeder von uns, der wirklich unserem Blutsbräutigam Jesus Christus gehören, ihm nachfolgen, ihm dienen und von seinem Heil weitersagen will, kann das nur tun mit seinem Ja zur Weihe in seinen Tod hinein.

Wer an dieser Welt hängt, der will diesen Weg nicht gehen. Aber sterben, leiden mit dem Herrn bedeutet Segen. Es heißt, ihm geweiht werden, durch seinen Sohn Jesus Christus geführt und ans Ziel gebracht werden. Sind wir bereit, diesen Weg zu gehen? Alle Propheten und auch Mose sagten zuerst Nein, sogar Jesus Christus selbst betete, dieser Kelch möge an ihm vorübergehen. Das darauf zögernde Ja war ein Ja zum Leben, zum endgültigen Leben, zu Frieden, Heil, Führung durch den Herrn jetzt und in Ewigkeit.

Mose begegnet Aaron (2. Mose 4,27–31)

Und der Herr sprach zu Aaron: Geh hin Mose entgegen in die Wüste. Und er ging hin und begegnete ihm am Berge Gottes und küsste ihn.

Hier ist der Ort, wo Mose berufen worden ist, und hier geht die Berufung weiter an Mose mit Aaron zusammen, zu zweit. Die beiden erinnern uns an zwei bedeutende Jünger Jesu: Petrus, dem Eifernden, entspricht Mose, und für Johannes, den Liebenden, haben wir hier den dienenden Aaron als ersten Hohepriester.

Und Mose tat Aaron kund alle Worte des Herrn, der ihn gesandt hatte, und alle Zeichen, die er ihm befohlen hatte. Und sie gingen hin und versammelten alle Ältesten der Israeliten.

Hier geht es um das ganze Volk. Diese Betonung, dass es um das ganze Volk geht, um alle Stämme, zieht sich auch durch das Buch Richter. Gott will Einigkeit unter uns Christen. Aber wir erreichen sie nicht durch die Herrschaft eines Papstes oder Weltkirchenrates, sondern sie wird in der Kirche unter den wahren Frommen in allen Gemeinden und Gemeinschaften durch seinen Geist gewirkt. Wir werden eine Einheit sein in seinem Reich.

Und Aaron sagte alle Worte, die der Herr mit Mose geredet hatte, und Mose tat die Zeichen vor dem Volk.

Wort und Zeichen – das deutet voraus auf unser Verständnis der Sakramente.

Und das Volk glaubte.

Das Volk glaubte durch die Worte und es glaubte durch die Zeichen.

Und als sie hörten, dass der Herr sich der Israeliten angenommen und ihr Elend angesehen habe, neigten sie sich und beteten an.

Das ist die Zielsetzung: Einheit und Gehorsam. Das ist es, was Gott von seinen Knechten, von seinem Volk haben will.

Mose und Aaron vor dem Pharao (2. Mose 5,1–5)

Danach gingen Mose und Aaron hin und sprachen zum Pharao …

Das sind die zwei Zeugen: einer, der als Sprachrohr dient, und einer, der von Gott die richtigen Worte bekommt.

So spricht der Herr, der Gott Israels ...

„Der Herr, der Gott Israels“ bestimmt, wer er ist: der Herr eines Sklavenvolkes. Sollte der Pharao ihn ernst nehmen? Sollte Hitler ihn ernst nehmen?

Lass mein Volk ziehen, dass es mir ein Fest halte in der Wüste.

Mit anderen Worten: „Entlasse sie aus der Knechtschaft, damit sie in der Wüste mit mir ein Fest halten können.“ Wir können uns gut vorstellen, dass der Pharao ganz menschlich darauf reagiert, so wie wir es alle tun würden.

Der Pharao antwortete: Wer ist der Herr, dass ich ihm gehorchen müsse und Israel ziehen lasse?

Er stellt genau die gleiche Frage an Gott wie Mose: „Wer bist du?“

Ich weiß nichts von dem Herrn, will auch Israel nicht ziehen lassen.

In dieser ganzen Auseinandersetzung zwischen Gott und dem Pharao ist es interessant zu beobachten, wie der Pharao Schritt für Schritt zurückweicht – nachdem er die Macht des Gottes Israels zu spüren bekommt – und mehr und mehr erlaubt, aber immer noch seine Härte behält.

Sie sprachen: Der Gott der Hebräer ist uns erschienen. So lass uns nun hinziehen drei Tagereisen weit in die Wüste ...

Hier liegt nochmals die Betonung auf den *drei* Tagereisen – die drei Tage von Kreuz und Auferstehung werden hier vorausgedeutet: Durch den Tod (das Schilfmeer) geht es zu neuem Leben.

... und dem Herrn, unserm Gott, opfern ...

Sie wollen wieder unter dem Herrn sein. So hat Marc Chagall es in einer Aquatinta gemalt: Man sieht Mose und die zwei Tafeln, die er noch nicht erhalten hat, weil der Herr über der ganzen Geschichte steht, und der gekreuzigte Jesus schützt Israel mit ausgebreiteten Armen vor dem heranrückenden Ägypten.

... dass er uns nicht schlage mit Pest oder Schwert.

Israel muss gehorsam sein. Aber wer wird mit Pest und Schwert geschlagen? Das wird mit den Ägyptern geschehen.

Da sprach der König von Ägypten zu ihnen: Mose und Aaron, warum wollt ihr das Volk von seiner Arbeit freimachen? Gehet hin an eure Dienste!

Er hält sie für Leute, die einen billigen Weg suchen, damit das Volk müßig sein könnte. Der Pharao lässt die Israeliten als Sklaven arbeiten, und einen Gott der Sklaven nimmt er nicht ernst. Schließlich ist er der Pharao und betrachtet sich selbst als Gott.

Weiter sprach der Pharao: Siehe, sie sind schon mehr als das Volk des Landes, und ihr wollt sie noch feiern lassen von ihrem Dienst!

Noch immer steckt diese alte Angst vor der Stärke Israels im Pharao. Letzten Endes ist es eine Angst vor dem Gott Israels, der seinem Volk Stärke und Fruchtbarkeit gibt. „Mehret euch“, lautet das erste Gebot.

Das Volk wird noch härter unterdrückt (2. Mose 5,6–23)

Darum befahl der Pharao am selben Tage den Vögten des Volks und ihren Aufsehern und sprach: Ihr sollt dem Volk nicht mehr Häcksel geben, dass sie Ziegel machen, wie bisher; lasst sie selbst hingehen und Stroh dafür zusammenlesen. Aber die Zahl der Ziegel, die sie bisher gemacht haben, sollt ihr ihnen gleichwohl auferlegen und nichts davon ablassen, denn sie gehen müßig; darum schreien sie und sprechen: Wir wollen hinziehen und unserm Gott opfern.

Das erinnert uns an Hitler, wie er Schritt für Schritt immer stärker gegen Israel vorging, und an die höhnische Inschrift über den Pforten der Konzentrationslager: „Arbeit macht frei“. Die Arbeit dort war schlimmer als die Sklavenarbeit in Ägypten, und das Ziel war nicht Freiheit, sondern der Tod.

Man drücke die Leute mit Arbeit, dass sie zu schaffen haben und sich nicht um falsche Reden kümmern. Da gingen die Vögte des Volks und ihre Aufseher hinaus und sprachen zum Volk: So spricht der Pharao ...

Von Mose kommt: „So spricht der Gott der Hebräer" und jetzt heißt es: „So spricht der Pharao" – es ist eine direkte Auseinandersetzung zwischen weltlicher Macht und Kraft und göttlicher Macht und Kraft. Gottes Kraft ist in den Schwachen, in den Sklaven mächtig.

Man wird euch kein Häcksel mehr geben. Geht ihr selbst hin und beschafft euch Häcksel, wo ihr's findet; aber von eurer Arbeit soll euch nichts erlassen werden. Da zerstreute sich das Volk ins ganze Land Ägypten, um Stroh zu sammeln, damit sie Häcksel hätten.

Genauso werden sie später unter alle Völker der Welt zerstreut, nachdem sie Christus abgelehnt haben.

Und die Vögte trieben sie an und sprachen: Erfüllt euer Tagewerk wie damals, als ihr Häcksel hattet. Und die Aufseher aus den Reihen der Israeliten, die die Vögte des Pharao über sie gesetzt hatten, wurden geschlagen, und es wurde zu ihnen gesagt: Warum habt ihr nicht auch heute euer festgesetztes Tagewerk getan wie bisher? Da gingen die Aufseher der Israeliten hin und schrien zu dem Pharao: Warum verfährst du so mit deinen Knechten? Man gibt deinen Knechten kein Häcksel, und wir sollen dennoch die Ziegel machen, die uns bestimmt sind; und siehe, deine Knechte werden geschlagen, und du versündigst dich an deinem Volke.

Sie wenden sich zuerst an die richtige Adresse – die Schuld liegt beim Pharao. Sie greifen den Pharao an: „Wie könnt ihr erwarten, dass wir unsere Arbeit richtig machen, wenn ihr Bedingungen stellt, die unmöglich sind?" Genau das hat später Hitler, dieser satanische Nachahmer, aus dem Alten Testament übernommen und gegen Israel benutzt.

Der Pharao sprach: Ihr seid müßig, müßig seid ihr; darum sprecht ihr: Wir wollen hinziehen und dem Herrn opfern. So geht nun hin und tut euren Frondienst! Häcksel soll man euch nicht geben, aber die Anzahl Ziegel sollt ihr schaffen. Da sahen die Aufseher der Israeliten, dass es mit ihnen übel stand, weil man sagte: Ihr sollt nichts ablassen von dem Tagewerk an Ziegeln. Und als sie von dem Pharao weggingen, begegneten sie Mose und Aaron, die dastanden und auf sie warteten, und sprachen zu ihnen: Der Herr richte seine Augen wider euch und strafe es, dass ihr uns in Verruf gebracht habt vor dem Pharao und seinen Großen und habt ihnen so das Schwert in ihre Hände gegeben, uns zu töten.

Die Aufseher befinden sich in einer unmöglichen Lage: Sie vermitteln zwischen dem Volk und dem Pharao, sind verantwortlich für das Volk, und sie geben Mose und Aaron und Gott die Schuld für die Situation.

Der Judenrat im Dritten Reich steckte in einer ebenfalls unmöglichen Lage. Hanna Arendt hat in ihrem Buch „Eichmann in Jerusalem" ungeheuer starke Kritik an den Judenräten geäußert, die als Vermittler zu den Henkern bestimmte Zahlen und Listen von Juden zu erstellen hatten. Das war für die Judenräte sehr schwer, aber ich gebe Hanna Arendt zum Teil Recht, wenn sie sagt, dass sie trotz dieser unmöglichen Arbeit versagt haben: Sie hätten gar nicht mitmachen sollen. Das alles wird hier vorausgesehen. So versagen die Israeliten, die über ihr eigenes Volk gesetzt sind, gegenüber Gott und gegenüber Mose und Aaron. Wenn diese Vermittler nicht für die Nazis gearbeitet hätten – ich verstehe, dass sie es taten, weil ihr eigenes Leben bedroht war –, wäre die Arbeit der Nazis ungeheuer erschwert worden.

Mose aber kam wieder zu dem Herrn und sprach: Herr, warum tust du so übel an diesem Volk? Warum hast du mich hergesandt?

Jetzt klagt Mose Gott an. So geht das: erst die Klagen an den Pharao, dann die Klagen an Mose und Aaron, jetzt die Klagen an den Urheber der Problematik, und das ist Gott. Der Gott, der sich nicht beugt, der seine Macht an den Heiden erweist, der Gott, der Israel herausführen wird.

Denn seitdem ich hingegangen bin zum Pharao, um mit ihm zu reden in deinem Namen, hat er das Volk noch härter geplagt, und du hast dein Volk nicht errettet.

Manchmal muss eine Lage noch schwieriger werden, bevor die Besserung kommt. So sagt man bei Alkoholikern, dass sie zuerst total am Boden sein müssen, bevor man ihnen helfen kann. So ist es auch bei Rauschgiftsüchtigen. Leider ist das so. Wenn das Böse uns reitet, kann es sein, dass wir zuerst ganz unten sein müssen, bis wir merken, dass wir den Herrn brauchen. Aber das Volk wird nicht vom Bösen geritten – auch wenn es durch das Verhalten des Pharao zunächst den Anschein hat –, sondern hier ist es Gottes Weg zur Befreiung.

Wir sollten darüber nachdenken, ob unser Glaube mit Hallelujarufen, mit besonderen Heilungen und Wundern wächst, oder ob sich unser Glaube auf Schwachheit und Demut gründet, damit wir Gott gehorsam werden. Was hier geschieht, ist nicht nur eine Prüfung für den Pharao, sondern eine Prüfung für Mose und Aaron und für das Volk. Letzten Endes ist der Einzige, der diese Prüfung besteht, Gott selbst. So ist das auch mit Jesu Kreuz. Es ist eine Prüfung für seine Jünger, die durch die ganze Passionszeit versagen. Israel versagt, die Heiden – in der Person von Pilatus – versagen, der Herr aber versagt nicht.

Gott erneuert Moses Auftrag (2. Mose 6,1–13)

Da sprach der Herr zu Mose: Nun sollst du sehen, was ich dem Pharao antun werde …

Mose wird Gottes Zeuge bei dem, was geschieht.

… denn durch eine starke Hand gezwungen, muss er sie ziehen lassen, ja, er muss sie, durch eine starke Hand gezwungen, aus seinem Lande treiben.

Gott handelt durch seine Hand.

Und Gott redete mit Mose und sprach zu ihm: Ich bin der Herr und bin erschienen Abraham, Isaak und Jakob als der allmächtige Gott, aber mit meinem Namen „Herr“ (Jahwe) habe ich mich ihnen nicht offenbart.

Hier geht er dann einen Schritt weiter mit Mose. So ist das Alte Testament letzten Endes eine konsequente Offenbarung von Gottes Wegen – Wegen, die zu Jesus von Nazareth, seiner Geburt als Mensch, seinem Kreuz und seiner Auferstehung hinführen.

Auch habe ich meinen Bund mit ihnen aufgerichtet, dass ich ihnen geben will das Land Kanaan, das Land, in dem sie Fremdlinge gewesen sind.

Er ist hier nicht nur der Gott Abrahams, Isaaks und Jakobs, der Gott, der kontinuierlich in der Geschichte wirkt, sondern er denkt an den Bund mit ihnen. Dieser Bund kommt von ihm und er steht dazu. Er kann strafen, er kann richten, aber der Bund bleibt in seiner Hand und er ist treu. Hier geht es in erster Linie um das Land Kanaan als Teil des vierfachen Segens (1. Mose 12,2–3). Natürlich gehört auch: „Wer dich segnet, den werde ich segnen; wer dich verflucht, den werde ich verfluchen“ zu dem, was hier geschieht, und ebenso das „Mehret euch!“, denn das Volk ist stark geworden und hat sich sehr vermehrt. Und der Weg, wie sich „Durch dich werden alle Völker auf Erden gesegnet sein“ erfüllt, geht über Mose hinaus bis hin zu Jesus. Aber hier ist nun das zentrale Thema „Land“, das heißt: Es geht aus der Knechtschaft in das Land der Verheißung.

Auch habe ich gehört die Wehklage der Israeliten, die die Ägypter mit Frondienst beschweren, und habe an meinen Bund gedacht.

Diese Wiederholung ist nicht irgendwie Rhetorik, sondern eine ständige Bestätigung. Mose wird bedrängt, Aaron wird bedrängt, das ganze Volk leidet. Gott muss es ihnen immer wieder zusagen: „Ich stehe zu euch!“ Und das tut er für uns in unserer Not, immer wieder gibt er uns Führung und Trost, Wegweisung, denn wir brauchen das. Wir sind schwach, genau wie die Hebräer, genau wie Mose und Aaron.

Darum sage den Israeliten: Ich bin der Herr und will euch wegführen von den Lasten, die euch die Ägypter auflegen, und will euch erretten von eurem Frondienst und will euch erlösen mit ausgestrecktem Arm und durch große Gerichte …

Warum verneinen wir den richtenden Gott so oft? Der richtende Gott ist der, der Gnade gewähren kann. Nur ein Richter kann begnadigen, auch von dem Todesurteil, das auf uns liegt. Es geht um Gottes Gerechtigkeit, um seine Gerichte, und hier geht es um seine Gerechtigkeit gegen die Welt, die gegen Gott steht.

… ich will euch annehmen zu meinem Volk und will euer Gott sein, dass ihr's erfahren sollt, dass ich der Herr bin …

Das ist die Zielsetzung und der zentrale Satz des ganzen Alten Testaments: „dass ihr's erfahren sollt, dass ich der Herr bin!“ Der Herr will sein Volk gewinnen, er gibt Zeichen, er gibt Worte, er tut Wunder, er schenkt Führung – und immer wieder versagt das Volk. Und wie sieht es beim Volk des neuen Bundes aus? Es steht mit uns nicht besser.

… euer Gott, der euch wegführt von den Lasten, die euch die Ägypter auflegen …

Hier haben wir wieder die Gleichung von oben: „Ich bin der Herr, dein Gott, der ich dich aus der Knechtschaft in Ägypten herausgeführt habe; ihr sollt keinen Gott neben mir haben.“ Und „Ich bin dein Herr und Heiland, Jesus Christus, der ich dich aus der Knechtschaft von Sünde, Teufel und Tod geführt habe; du sollst keinen Gott neben mir haben.“ Das eine ist die Erfüllung des anderen.

… und euch bringt in das Land, um dessentwillen ich meine Hand zum Schwur erhoben habe, dass ich's geben will Abraham, Isaak und Jakob …

Daran zeigt sich seine Treue.

… das will ich euch zu Eigen geben, ich, der Herr. Mose sagte das den Israeliten, aber sie hörten nicht auf ihn vor Kleinmut und harter Arbeit.

Das Volk sieht nur, was vor Augen ist, nur die augenblickliche Lage. Das ist bei uns nicht anders. So sehen zum Beispiel in Ostdeutschland viele Menschen nur die Probleme, vor allem die wirtschaftlichen Probleme, die aber letzten Endes von der kommunistischen Regierung verursacht wurden, durch die Verschmutzung von Wasser und Luft und die wirtschaftliche Ausbeutung usw. Die Menschen sehen jedoch nicht die Ursache, sondern nur die momentane schwierige Lage, und sie klagen die jetzige Demokratie, den jetzigen Staat an.

So ist es, wir haben ein sehr schlechtes Erinnerungsvermögen. Wir sehen, was vor Augen ist, aber der Herr sieht ins Herz. Wir sehen unsere jetzige Lage, aber der Herr steht über der Geschichte und sieht die gesamte Breite seiner Verheißung und Erfüllung. Er will uns lehren, biblisch – gesamtbiblisch – zu denken: den großen Bogen von Gottes heilsgeschichtlichen Wegen zu sehen. Er will, dass wir lernen, auch in unserer täglichen Not auf die Verheißungen zu schauen, auf seine Wege, auf seinen Trost.

Da redete der Herr mit Mose und sprach: Geh hin und rede mit dem Pharao, dem König von Ägypten, dass er Israel aus seinem Lande ziehen lasse. Mose aber redete vor dem Herrn und sprach: Siehe, die Israeliten hören nicht auf mich; wie sollte denn der Pharao auf mich hören! Dazu bin ich ungeschickt zum Reden.

Wie soll der Pharao auf Mose hören, wenn sein eigenes Volk nicht auf ihn hört? Das ist logisch. Und dann sagt er: „Wer bin ich? Ich bin ein Stotterer." Immer wieder wird Moses Schwäche hervorgehoben, seine körperliche Schwäche, sein Stottern, aber auch seine geistliche Schwäche. Gott wirkt durch schwache

Zeugen, durch schwache Menschen, durch fehlbare Menschen, wie wir es alle sind.

So redete der Herr mit Mose und Aaron und ordnete sie ab an die Israeliten und an den Pharao, den König von Ägypten, um Israel aus Ägypten zu führen.

So erneuert der Herr seinen Auftrag an Mose und Aaron.

Die Vorfahren von Mose und Aaron (2. Mose 6,14–27)

Aus dieser Aufzählung der Vorfahren von Mose und Aaron möchte ich nur einen Vers herausgreifen, Vers 20:

Amram nahm Jochebed, die Schwester seines Vaters, zur Frau; die gebar ihm Aaron und Mose. Und Amram wurde 137 Jahre alt.

Nach 3. Mose 18,12 ist das Inzest. Inzest im Stammbaum des großen Mose und Aaron und eine Hure, Rahab, im Stammbaum von Jesus (Mt 1,5) – das bedeutet, auch auf den üblen, falschen Wegen, die gegen das Gesetz sind, kann Gott ans Ziel kommen, denn Gott steht über dem Gesetz. Das dürfen wir niemals vergessen.

In den Versen 26–30 finden wir eine Wiederholung der ersten Verse dieses Kapitels: Gott bezeugt sich selbst und Mose versagt, indem er immer wieder sagt: „Ich bin ungeschickt zum Reden; wie wird denn der Pharao auf mich hören?“

Die ersten neun Plagen

Moses erstes Wunder vor dem Pharao (2. Mose 7,1–13)

Der Herr sprach zu Mose: Siehe …

Dieses „Siehe“ ist ein geistliches Sehen, wenn es von Gott kommt, im Gegensatz zum fleischlichen „Siehe“, das Mose immer wieder sagt.

… ich habe dich zum Gott gesetzt für den Pharao …

Mit anderen Worten: „Du wirst über ihn bestimmen durch das, was du in Vollmacht, in meinem Sinn tust.“ Das bedeutet nicht, dass Mose Gott ist, sondern dass er hier aus Gottes Kraft handelt. Darin liegt auch eine Vorausdeutung auf Jesus, denn Jesus übertrifft ihn darin: Er ist wie Mose ein Vermittler, aber er ist aus Gott und von Gott.

… und Aaron, dein Bruder, soll dein Prophet sein.

Aaron soll das Sprachrohr sein. Durch Aaron wird gesprochen.

Du sollst alles reden, was ich dir gebieten werde …

Mose ist völlig abhängig von Gott. Er kann nicht selbstständig etwas sagen. Auch darin übertrifft ihn Jesus, indem er dem Vater völlig gehorsam ist, bis hin zum Kreuzestod.

... aber Aaron, dein Bruder, soll es vor dem Pharao reden, damit er die Israeliten aus seinem Lande ziehen lasse. Aber ich will das Herz des Pharao ...

Das Herz steht für das Wesen, die Gedanken und Gefühle.

... verhärten und viele Zeichen und Wunder tun in Ägyptenland.

Der Herr will Israel nicht auf einmal befreien. Er will sein Volk Schritt für Schritt zur Befreiung führen. Denn es gibt eine richtige Zeit für die Befreiung Israels. Das gilt auch für uns! Schritt für Schritt geht er mit uns, bis er mit uns ans Ziel kommt. Das erste Ziel ist, dass wir ihn als unseren Herrn annehmen; das zweite, dass wir ausharren bis ans Ende.

Und der Pharao wird nicht auf euch hören. Dann werde ich meine Hand auf Ägypten legen und durch große Gerichte meine Heerscharen, mein Volk Israel, aus Ägyptenland führen.

Er ist der Herr Zebaoth, der Herr der Heerscharen – aber hier sind es nicht kämpfende Heerscharen, sondern schwache Männer, Frauen, Sklaven mit ihren Tieren. So zeigt sich der Herr. In den Schwachen, da ist er mächtig.

Und die Ägypter sollen innewerden, dass ich der Herr bin ...

Das Ziel für Israel ist es, dass Israel ihn als Herrn erkennen soll. Das gleiche Ziel hat er auch für die Ägypter. Es ist also ein allumfassendes Ziel, denn der Herr, der Gott Israels, ist nicht nur für die Juden da, sondern auch für die Heiden. Das ist hier vorgezeichnet, wie auch zum Beispiel bei Abraham und Melchisedek. (1. Mose 14,18)

...wenn ich meine Hand über Ägypten ausstrecken und die Israeliten aus ihrer Mitte wegführen werde.

Israel ist mitten unter diesem Volk. Wir sind als Christen auch mitten unter den Völkern. Wir sind ein ganz anderes Volk, wir sind Gottes Volk des neuen Bundes und wir leben mitten unter diesen Heiden. In Ägypten bezeugt er sich den Heiden und wir sollen dieses Zeugnis von Christus auch weitergeben. Und dann wird er uns herausholen in sein Reich.

Mose und Aaron taten, wie ihnen der Herr geboten hatte. Und Mose war achtzig Jahre und Aaron dreiundachtzig Jahre alt, als sie mit dem Pharao redeten.

Wir sollten unsere alten Leute nicht belächeln und ins Altersheim bringen, denn wir brauchen sie. Durch alte Leute wurde die Kirche in Russland gerettet, als die Kommunisten an der Macht waren. Sie erzählten ihren Enkelkindern und den Urenkeln von Jesus. Wir brauchen unsere alten Leute, wir brauchen sie als Beter, und wir brauchen sie als Zeugen.

Und der Herr sprach zu Mose und Aaron: Wenn der Pharao zu euch sagen wird: Weist euch aus durch ein Wunder!, so sollst du zu Aaron sagen: Nimm deinen

Stab und wirf ihn hin vor dem Pharao, dass er zur Schlange werde!

Die Heiden schauen auf Wunder und Zeichen. Und natürlich überbietet der Herr alle Wunder und Zeichen, die die Zauberer und Weisen des Pharao beherrschen.

Da gingen Mose und Aaron hinein zum Pharao und taten, wie ihnen der Herr geboten hatte. Und Aaron warf seinen Stab hin vor dem Pharao und vor seinen Großen, und er ward zur Schlange. Da ließ der Pharao die Weisen und Zauberer rufen, und die ägyptischen Zauberer taten ebenso mit ihren Künsten ...

Später werden die Zauberer versagen – bei dem Kleinsten, den Stechmücken! Das beweist, wie besonders der Gott Israels ist: Er handelt im Kleinen wie im Großen. Man erzählt sich, dass Alexander der Große von einer kleine Fliege gestochen wurde, die eine Krankheit übertrug – er starb daran und sein Weltreich fiel auseinander.

... Ein jeder warf seinen Stab hin, da wurden Schlangen daraus; aber Aarons Stab verschlang ihre Stäbe. Aber das Herz des Pharao wurde verstockt, und er hörte nicht auf sie, wie der Herr gesagt hatte.

Das ist auch eine Vorausdeutung auf die eherne Schlange, die in der Wüste aufgestellt wird und Macht gegen die Giftschlangen hat. (4. Mose 21,8) Es geschieht auf diesem Weg, dass Jesus über die Schlangen, über das Böse siegt, indem er am Kreuz erhöht wird.

Die erste Plage: Alles Wasser wird zu Blut (2. Mose 7,14–25)

Und der Herr sprach zu Mose: Das Herz des Pharao ist hart; er weigert sich, das Volk ziehen zu lassen. Geh hin zum Pharao morgen früh.

Mose soll in der allerersten Frühe losgehen, wie die Frauen nach der Kreuzigung Jesu. Damit soll er Gottes Eifer spiegeln.

Siehe, er wird ans Wasser gehen …

Mose trifft den Pharao am Ufer des Nils, aus dem er als Kind selbst gerettet wurde. Fließendes Wasser bedeutet Leben und Tod und Reinheit. Hier wird Israels Errettung zu einem neuen Leben im Herrn, gereinigt für den Herrn, vorgezeichnet.

… so tritt ihm entgegen am Ufer des Nils und nimm den Stab in deine Hand, der zur Schlange wurde, und sprich zu ihm: Der Herr, der Gott der Hebräer, hat mich zu dir gesandt und dir sagen lassen: Lass mein Volk ziehen, dass er mir diene in der Wüste. Aber du hast bisher nicht hören wollen.

Zuerst soll Mose noch einmal zusammenfassen, was bisher geschehen ist und dem Pharao vor Augen halten, dass der sich dem lebendigen Gott Israels widersetzt.

Darum spricht der Herr: Daran sollst du erfahren, dass ich der Herr bin …

Das ist etwas sehr Zentrales hier und überhaupt im Alten Testament: Gott zeigt seine Heiligkeit, seine Herrschaft.

Siehe, ich will mit dem Stabe, den ich in meiner Hand habe, auf das Wasser schlagen, das im Nil ist, und es soll in Blut verwandelt werden …

Diese Plage ist, wie schon gesagt, eine Vorausdeutung des ersten Zeichens, das Jesus bei der Hochzeit zu Kana tat. Jesus nahm Reinigungswasser und verwandelte es in Wein; später sagte er: „Trinket alle daraus, das ist mein Blut des Bundes“ (Mt 26,27f.), damit die Seinen Hochzeit feiern können in seinem Reich. Hier ist es die erste Plage: Wasser wird zu Blut.

… dass die Fische im Strom sterben und der Strom stinkt. Und die Ägypter wird es ekeln, das Wasser aus dem Nil zu trinken.

Das ist auch eine Vergeltung, denn die Israeliten ekelt die ganze Fronarbeit, die sie tun sollen.

Und der Herr sprach zu Mose: Sage Aaron: Nimm deinen Stab und recke deine Hand aus über die Wasser in Ägypten, über ihre Ströme und Kanäle und Sümpfe und über alle Wasserstellen, dass sie zu Blut werden, und es sei Blut in ganz Ägyptenland, selbst in den hölzernen und steinernen Gefäßen.

Dies ist eine Vorausdeutung auf das Blut, das Gott dann bei der letzten Plage verlangt, in der Passanacht, in der er den Ägyptern die ältesten Söhne nimmt. Das

Wasser steht für das Leben, und dieses Wasser wird in Blut verwandelt, was den Tod bedeutet.

Mose und Aaron taten, wie ihnen der Herr geboten hatte, und Mose hob den Stab und schlug ins Wasser, das im Nil war, vor dem Pharao und seinen Großen. Und alles Wasser im Strom wurde in Blut verwandelt. Und die Fische im Strom starben, und der Strom wurde stinkend, sodass die Ägypter das Wasser aus dem Nil nicht trinken konnten; und es war Blut in ganz Ägyptenland.

Wasser in Blut und Leben in Tod – so gleichen sich die erste und die letzte Plage. Nach dem späteren jüdischen Kult dürfen die Juden bis heute kein Blut trinken, denn das Leben ist im Blut und das Leben gehört Gott. Gott gibt dann sein eigenes Blut, sein eigenes Leben für uns.

Und die ägyptischen Zauberer taten ebenso mit ihren Künsten.

Die großen Dinge können sie alle nachahmen. Das mahnt uns zur Vorsicht bei den großen Schau-Wundern, die auch in unserer Zeit von falschen Propheten, falschen Heilanden vollbracht werden. Es sind die kleinen Dinge, die sie nicht beherrschen.

So wurde das Herz des Pharao verstockt, und er hörte nicht auf Mose und Aaron, wie der Herr gesagt hatte. Und der Pharao wandte sich und ging heim und nahm's nicht zu Herzen.

Sein Herz ist hart!

Aber alle Ägypter gruben am Nil entlang nach Wasser zum Trinken, denn das Wasser aus dem Strom konnten sie nicht trinken. Und das währte sieben Tage lang, nachdem der Herr den Strom geschlagen hatte.

Der Herr des Lebens, der in sieben Tagen die Schöpfung vollendete, kann auch über den Tod verfügen, denn Leben und Tod sind in ihm, dem Herrn des Lebens, eine Einheit.

Die zweite Plage: Frösche (2. Mose 7,26 – 8,11)

Da sprach der Herr zu Mose: Geh hin zum Pharao und sage zu ihm: So spricht der Herr: Lass mein Volk ziehen, dass es mir diene!

Gott sagt immer wieder das Gleiche: „Mein Volk soll herauskommen, soll befreit werden, nicht nur um ihretwillen, sondern um mir zu dienen. Sie sollen geheiligt werden für mich." So will Jesus uns durch sein Kreuz von unserer Sünde befreien, uns aus Sünde und Tod herausholen, damit wir ihm dienen können. Er braucht unseren Dienst als Missionare, er will uns mitten in dieser heidnischen Welt einsetzen.

Wenn du dich aber weigerst, siehe, so will ich dein ganzes Gebiet mit Fröschen plagen ...

Immer wieder geht es um das Wasser. Auch die Wissenschaftler sagen, dass das Leben aus dem Wasser kommt. Gott herrscht über das Leben wie über den Tod.

... dass der Nil von Fröschen wimmeln soll. Die sollen hinaufkriechen und in dein Haus kommen, in deine Schlafkammer, auf dein Bett, auch in die Häuser deiner Großen und deines Volks, in deine Backöfen und in deine Backtröge; ja, die Frösche sollen auf dich selbst und auf dein Volk und auf alle deine Großen kriechen.

Dieses Bild wird richtig humorvoll beschrieben. Das Merkwürdige an hüpfenden Fröschen ist auch, dass sie in ihrem Gesichtsausdruck überhaupt kein Gefühl zeigen. Ich habe Bilder gesehen, wie eine Schlange einen Frosch verschlingt, und der Frosch sieht dabei genauso aus wie immer. Sie hüpfen und springen, ohne Gefühle zu zeigen, bis man hier dann Froschkuchen bekommt, sie springen bis in den Bart des Pharaos und seiner Großen. Das ist sehr lustig.

Und der Herr sprach zu Mose: Sage Aaron: Recke deine Hand aus mit deinem Stabe über die Ströme, Kanäle und Sümpfe und lass Frösche über Ägyptenland kommen. Und Aaron reckte seine Hand aus über die Wasser in Ägypten, und es kamen Frösche herauf, sodass Ägyptenland bedeckt wurde. Da taten die Zauberer ebenso mit ihren Künsten und ließen Frösche über Ägyptenland kommen.

Auch das können die Zauberer nachahmen. Wir müssen wissen, dass Zeichen und Wunder nicht nur von Gott, sondern auch von seinem Gegenspieler kommen können. Der Satan ist ein gefallener Engel. Wir müssen die Geister prüfen, wenn wir Zeichen und Wunder erleben.

Da ließ der Pharao Mose und Aaron rufen und sprach: Bittet den Herrn für mich, dass er die Frösche von mir und von meinem Volk nehme, so will ich das Volk ziehen lassen, dass es dem Herrn opfere.

Obwohl die Zauberer genau das machen, was Mose und Aaron durch Gottes Kraft tun, geht der Pharao jetzt einen Schritt weiter: Er fängt an zu bitten, er akzeptiert, dass er Hilfe vom Gott der Hebräer braucht, weil er selbst betroffen ist und weil diese Frösche weiterhin über ihn herfallen.

Mose sprach: Bestimme über mich in deiner Majestät ...

Mose anerkennt die Herrschaft des Pharaos, wie wir es nach Römer 13 tun sollen. Es gibt auch andere Stellen dazu, wie zum Beispiel Matthäus 22,21: „Gebt dem Kaiser, was des Kaisers ist, und Gott, was Gottes ist." Mose anerkennt die Majestät und die Größe des Pharaos, aber es ist eine Größe, die nur unter der Herrschaft des Herrn besteht.

... wann ich für dich, für deine Großen und für dein Volk bitten soll, dass bei dir und in deinem Hause die Frösche vertilgt werden und allein im Nil bleiben. Er sprach: Morgen. Mose antwortete: Ganz wie du gesagt hast; auf dass du erfahrest, dass niemand ist wie der Herr, unser Gott.

Es geht um die Herrschaft Gottes. Mit dem Tod und dem Gericht werden wir alle seine Herrschaft erfahren. Die Frage ist: Erkennen wir diese Herrschaft jetzt an und lassen wir ihn auf unserer Lebensbahn vorangehen? Er zieht Israel heraus, hinter sich her, er geht voran. So ist es auch später auf dem Weg durch die Wüste. Und das ist es, was er auch von uns haben will.

Die Frösche sollen von dir, von deinem Hause, von deinen Großen und von deinem Volk weichen und allein im Nil übrigbleiben. So gingen Mose und Aaron vom Pharao. Und Mose schrie zu dem Herrn wegen der Frösche, wie er dem Pharao zugesagt hatte. Und der Herr tat, wie Mose gesagt hatte, und die Frösche starben in den Häusern, in den Höfen und auf dem Felde. Und man häufte sie zusammen, hier einen Haufen und da einen Haufen, und das Land stank davon.

Nachdem diese Plage zu Ende ist, gibt es Nachwirkungen. So ist es bei dem Negativen, das wir erleben: Auch unsere Sünde hat Nachwirkungen, selbst wenn die Ursache letzten Endes getilgt ist. Es gibt keine billige Gnade!

Als aber der Pharao merkte, dass er Luft gekriegt hatte …

Er hat Luft gekriegt, aber alles stinkt.

… verhärtete er sein Herz und hörte nicht auf sie, wie der Herr gesagt hatte.

Sein Herz ist hart. Er will Gottes Herrschaft nicht anerkennen.

Die dritte Plage: Stechmücken (2. Mose 8,12–15)

Und der Herr sprach zu Mose: Sage Aaron: Strecke deinen Stab aus und schlag in den Staub der Erde …

Erde zu Erde, Asche zu Asche, Staub zu Staub. Zuerst ging es um das Wasser und jetzt geht es um die Erde. Gott beweist seine Herrschaft über das, was er geschaffen hat – die Ströme, alle Gewässer und jetzt die Erde. Das ist umfassend.

… dass er zu Stechmücken werde in ganz Ägyptenland. Sie taten so, und Aaron reckte seine Hand aus mit seinem Stabe und schlug in den Staub auf der Erde. Und es kamen Mücken und setzten sich an die Menschen und an das Vieh …

Nicht nur die Menschen haben zu leiden, sondern auch die Tiere.

… aller Staub der Erde ward zu Mücken in ganz Ägyptenland. Die Zauberer taten ebenso mit ihren Künsten, um Mücken hervorzubringen; aber sie konnten es nicht. Und die Mücken waren sowohl an den Menschen als am Vieh. Da sprachen die Zauberer zum Pharao: Das ist Gottes Finger.

Sie reden nicht von Gottes Hand oder Gottes Macht, sondern von Gottes Finger. In dem Kleinsten ist der Herr groß, und seine Kraft ist in den Schwachen mächtig. Es ist merkwürdig, dass die Zauberer gerade diese Feinheit nicht nachahmen können.

Aber das Herz des Pharao wurde verstockt, und er hörte nicht auf sie, wie der Herr gesagt hatte.

Der Pharao verhärtet sich hier ganz, obwohl er zunächst versucht hat, Gott entgegenzukommen. Aber er geht nicht weiter, jetzt sagt er einfach Nein.

Die vierte Plage: Stechfliegen (2. Mose 8,16–28)

Und der Herr sprach zu Mose: Mach dich morgen früh auf und tritt vor den Pharao, wenn er hinaus ans Wasser geht ...

Hier begegnet uns wieder das Wasser!

... und sage zu ihm: So spricht der Herr: Lass mein Volk ziehen, dass es mir diene; wenn nicht, siehe, so will ich Stechfliegen kommen lassen über dich, deine Großen, dein Volk und dein Haus, dass die Häuser der Ägypter und das Land, auf dem sie wohnen, voller Stechfliegen werden sollen. An dem Lande Goschen aber, wo sich mein Volk aufhält, will ich an dem Tage etwas Besonderes tun, dass dort keine Stechfliegen seien, damit du innewerdest, dass ich der Herr bin, inmitten dieses Landes ...

Auch die letzte Plage, das Passa, wird eine Plage sein, die die Ägypter trifft, aber nicht die Israeliten. Hier tut Gott etwas Besonderes, auch wenn die Israeliten mitten im Land Ägypten sind.

... und ich will einen Unterschied machen zwischen

meinem und deinem Volk. Morgen schon soll das Zeichen geschehen.

Die Israeliten sind Gottes auserwähltes Volk, darum macht er einen Unterschied. Es gibt auch für den neuen Bund einen Unterschied – wir leben unter Heiden, aber wir dürfen nicht heidnisch leben. Wir müssen aus der Liebe und den Geboten Gottes, den Zehn Geboten leben.

Und der Herr tat so, und es kamen viele Stechfliegen in das Haus des Pharao, in die Häuser seiner Großen und über ganz Ägyptenland, und das Land wurde verheert von den Stechfliegen. Da ließ der Pharao Mose und Aaron rufen und sprach: Geht hin, opfert eurem Gott hier im Lande.

Der Pharao macht jetzt einen ersten Vorschlag. Schrittweise werden Vorschläge gemacht. Dass sie hier im Land opfern sollen, heißt, dass er ihr Wegziehen verhindern will.

Mose sprach: Das geht nicht an, denn was wir dem Herrn, unserm Gott, opfern, ist den Ägyptern ein Gräuel.

Auch in der Josefsgeschichte steht, dass es den Ägyptern ein Gräuel ist, mit Hebräern zu essen. Interessanterweise kehrt sich das später dann um, sodass es für Hebräer ein Gräuel ist, unter das Dach von Heiden zu gehen. Das kennt man vom Hauptmann von Kapernaum (Mt 8,5ff.).

Siehe, wenn wir vor ihren Augen opfern, was ihnen ein

Gräuel ist, werden sie uns dann nicht steinigen? Drei Tagereisen weit wollen wir in die Wüste ziehen und dem Herrn, unserm Gott, opfern, wie er uns gesagt hat.

Hier haben wir wieder die drei Tage vom Kreuz zur Auferstehung – durch den Tod (das Schilfmeer) zum neuen Leben am dritten Tag, um dem Herrn zu opfern. So wird der Bund erneut bestätigt.

Der Pharao sprach: Ich will euch ziehen lassen, dass ihr dem Herrn, eurem Gott, opfert in der Wüste. Nur zieht nicht zu weit und bittet für mich!

Hier scheint sein Angebot noch weiter zu gehen: Sie dürfen Ägypten verlassen und in die Wüste ziehen – aber nicht zu weit, weil er sie einholen will. Das versucht er dann später zu tun. Und sie sollen für ihn bitten.

Mose sprach: Siehe, wenn ich jetzt von dir hinausgegangen bin, so will ich den Herrn bitten, dass die Stechfliegen morgen vom Pharao und seinen Großen und seinem Volk weichen; nur täusche uns nicht abermals, dass du das Volk nicht ziehen lässt, dem Herrn zu opfern.

Der Pharao ist sehr begabt, wenn es um Täuschung und Selbsttäuschung geht; so sind die Wege der Heiden, es sind Wege der Schlange.

Und Mose ging hinaus vom Pharao und bat den Herrn. Und der Herr tat, wie Mose gesagt hatte, und schaffte die Stechfliegen weg vom Pharao, von seinen Großen und von seinem Volk, sodass auch nicht eine übrig blieb. Aber der Pharao verhärtete sein Herz auch diesmal und ließ das Volk nicht ziehen.

Er ist noch nicht wirklich dazu bereit, das Volk gehen zu lassen.

Die fünfte Plage: Viehpest (2. Mose 9,1–7)

Da sprach der Herr zu Mose: Geh hin zum Pharao und sage zu ihm: So spricht der Herr, der Gott der Hebräer: Lass mein Volk ziehen, dass sie mir dienen!

Der Herr redet gegen die Mächte der Welt, die er selbst eingesetzt hat. Das sehen wir auch bei Jesus in der Auseinandersetzung mit Pilatus, dem Vertreter des großen römischen Reiches – dann, als alles entschieden war, schwieg Jesus zu den Fragen von Pontius Pilatus. So wird es auch hier gehen.

Lass mein Volk ziehen, dass sie mir dienen! Wenn du dich weigerst und sie weiter aufhältst, siehe, so wird die Hand des Herrn kommen über dein Vieh auf dem Felde, über die Pferde, Esel, Kamele, Rinder und Schafe, mit sehr schwerer Pest.

Jetzt geht es näher und näher an das, was ihm wichtig ist, an seinen Besitz.

Wir müssen bedenken, wie viel diese Tiere in den Zehn Geboten zählen (2. Mose 20,10.17). Die Beziehung zwischen Menschen und Vieh ist in der Bibel sehr wichtig. Das werden wir bei späteren Plagen sehen, wo der Pharao Israel erlaubt, mit allem außer ihren Tieren auszuziehen. Und Israel weigert sich, denn sie brauchen die Tiere zum Opfer, aber auch als Freunde.

Aber der Herr wird einen Unterschied machen zwischen dem Vieh der Israeliten und dem der Ägypter, dass nichts sterbe von allem, was die Israeliten haben.

Hier ist Gericht: die Trennung zwischen dem, was ihm gehört, und dem, was ihm nicht gehört. Trotzdem wird es bei dem Auszug Ägypter geben, die an Israel festhalten, die zu diesem Volk gehören. Dass Menschen aus anderen Völkern sich Israel anschließen zieht sich durch die ganze Bibel, bis hin zu den Gottesfürchtigen im Neuen Testament.

Und der Herr bestimmte eine Zeit ...

Jetzt bestimmt nicht der Pharao eine Zeit, sondern der Herr, der über Zeit und Ewigkeit steht.

... und sprach: Morgen wird der Herr solches an dem Lande tun. Und der Herr tat es am anderen Morgen; da starb alles Vieh der Ägypter, aber von dem Vieh der Israeliten starb nicht eins. Und der Pharao sandte hin, und siehe, es war von dem Vieh Israels nicht eins gestorben. Aber das Herz des Pharao wurde verstockt, und er ließ das Volk nicht ziehen.

Der Pharao lockert sich zuerst, macht Versprechungen – die er nicht hält –, und jetzt weigert er sich nachzugeben. Man sieht, wie es innerlich hin und her geht in seinem verhärteten Herz. Das ist alles nicht so einfach. Es scheint erst, dass er bereit ist, Kompromisse einzugehen, aber dann tut er das nicht. Und jetzt weigert er sich überhaupt, auf den Wunsch der Israeliten zu hören.

Die sechste Plage: Blattern (2. Mose 9,8–12)

Da sprach der Herr zu Mose und Aaron: Füllt eure Hände mit Ruß aus dem Ofen, und Mose werfe ihn vor dem Pharao gen Himmel, dass er über ganz Ägyptenland staube und böse Blattern aufbrechen an den Menschen und am Vieh in ganz Ägyptenland. Und sie nahmen Ruß aus dem Ofen und traten vor den Pharao, und Mose warf den Ruß gen Himmel. Da brachen auf böse Blattern an den Menschen und am Vieh …

Jetzt geht es an den Körper der Menschen, die Menschen werden geplagt. Nicht nur der Besitz der Menschen, nicht nur ihre Lebenselemente, sondern direkt ihr eigener Körper ist betroffen. Hier zeichnet sich schon die zehnte Plage ab.

… sodass die Zauberer nicht vor Mose treten konnten wegen der bösen Blattern; denn es waren an den Zauberern ebenso böse Blattern wie an allen Ägyptern.

Sogar die Zauberer erleben das und können nichts dagegen tun.

Aber der Herr verstockte das Herz des Pharao, dass er nicht auf sie hörte, wie denn der Herr zu Mose gesagt hatte.

Nichts kann den Pharao umstimmen.

Die siebte Plage: Hagel (2. Mose 9,13–35)

Da sprach der Herr zu Mose: Mach dich morgen früh auf und tritt vor den Pharao und sage zu ihm: So spricht der Herr, der Gott der Hebräer: Lass mein Volk ziehen, dass es mir diene; sonst werde ich diesmal alle meine Plagen über dich selbst senden, über deine Großen und über dein Volk, damit du innewirst, dass meinesgleichen nicht ist in allen Landen.

Er allein ist Gott. Hier geht es um das erste Gebot. Weil Jesus Christus den Weg zu den Völkern und für die Heidenmission gebahnt hat, gilt dieses Gebot auch für die Völker.

Denn ich hätte schon meine Hand ausrecken und dich und dein Volk mit Pest schlagen können, dass du von der Erde vertilgt würdest …

Gott zeigt seine Vollmacht.

… aber dazu habe ich dich erhalten, dass meine Kraft an dir erscheine und mein Name verkündigt werde in allen Landen.

Gott will seine Allmacht zeigen und seinen Ruhm. Natürlich wird sein Name durch die Mission in allen

Landen bekannt. Aber auch durch sein Handeln hier am Volk Israel wächst sein Bekanntheitsgrad unter den Völkern.

Du stellst dich noch immer wider mein Volk und willst es nicht ziehen lassen. Siehe, ich will morgen um diese Zeit einen sehr großen Hagel fallen lassen, wie er noch nie in Ägypten gewesen ist von der Zeit an, als es gegründet wurde, bis heute. Und nun sende hin und verwahre dein Vieh und alles, was du auf dem Felde hast. Denn alle Menschen und das Vieh, alles, was auf dem Felde gefunden und nicht in die Häuser gebracht wird, muss sterben, wenn der Hagel auf sie fällt.

Er gibt ihnen die Möglichkeit der Rettung. Aber hier geht es um die Frage, ob sie ihm gehorchen und seine Herrschaft akzeptieren. Denn jeder, der auf den Feldern ist, und das Vieh, das dort draußen ist, wird sterben.

Wer nun von den Großen des Pharao das Wort des Herrn fürchtete, der ließ seine Knechte und sein Vieh in die Häuser fliehen.

Gott trennt jetzt unter den Heiden die Gottesfürchtigen und die, die ihn nicht achten. So ist das auch im Neuen Testament, und so ist es bis heute.

Wessen Herz sich aber nicht an des Herrn Wort kehrte, der ließ seine Knechte und sein Vieh auf dem Felde. Da sprach der Herr zu Mose: Recke deine Hand aus gen Himmel, dass es hagelt über ganz Ägyptenland, über Menschen, über Vieh und über alles Gewächs auf dem Felde in Ägyptenland. Da streckte Mose seinen Stab gen Himmel, und der Herr ließ donnern und hageln, und Feuer schoss auf die Erde nieder. So ließ der Herr Hagel fallen über Ägyptenland, und Blitze zuckten dazwischen, und der Hagel war so schwer, wie er noch nie in ganz Ägyptenland gewesen war, seitdem die Leute dort wohnen. Und der Hagel erschlug in ganz Ägyptenland alles, was auf dem Felde war, Menschen und Vieh, und zerschlug alles Gewächs auf dem Felde und zerbrach alle Bäume auf dem Felde. Nur im Lande Goschen, wo die Israeliten waren, da hagelte es nicht.

Es geschieht eine Trennung zwischen dem, was Gott gehört und was nicht. Dazu kommt die Trennung unter den Heiden, zwischen denen, die Gott gehorchen, und denen, die ihm nicht gehorchen.

Da schickte der Pharao hin und ließ Mose und Aaron rufen und sprach zu ihnen: Diesmal hab ich mich versündigt …

Der Pharao erkennt seine eigene Schuld. Er akzeptiert nicht nur die Herrschaft Gottes, sondern sieht ein, dass er selbst gesündigt hat; er steigt von seinem hohen Ross herunter. Es geht einen Schritt weiter.

… der Herr ist im Recht, ich aber und mein Volk sind schuldig.

Das sind sehr tiefe Aussagen: Er erkennt Gottes Herrschaft, die Herrschaft des einzigen Gottes, des

Gottes Israels, und er erkennt die eigene Schuld, die Schuld seines Volkes gegenüber Gottes Volk. Das steht in direktem Zusammenhang mit der Verheißung (1. Mose 27,29): „Verflucht sei, wer dir flucht; gesegnet sei, wer dich segnet!" Diese Aussage gilt noch immer, aber auch in Bezug auf den Neuen Bund.

Bittet aber den Herrn, dass er ein Ende mache mit diesem Donnern und Hageln, so will ich euch ziehen lassen, dass ihr nicht länger hier bleiben müsst. Mose sprach zu ihm: Wenn ich zur Stadt hinauskomme, will ich meine Hände ausbreiten zum Herrn, so wird der Donner aufhören und kein Hagel mehr fallen, damit du innewirst, dass die Erde des Herrn ist.

Der Pharao soll nicht nur erkennen, dass er Gott ist, sondern dass ihm alles gehört. Wasser, Erde, das alles ist sein Eigentum. Hier geht es um die Schöpfung. Gericht und Schöpfung hängen zusammen. Gott, der alles geschaffen hat, herrscht über den Tod. Er ist auch der Richter, und er kann alles zerstören, wenn er es will. Durch diese zehn Plagen wird genau das ausgedrückt. Es geht um Frösche und Heuschrecken, es geht um das, was auf der Erde wächst und gedeiht, um die Menschen, das Vieh, die Lebenselemente Wasser und Luft. Über das alles erstreckt sich seine Herrschaft, als Schöpfer und damit auch als Richter.

Ich weiß aber: Du und deine Großen, ihr fürchtet euch noch nicht vor Gott dem Herrn. So wurden zerschlagen der Flachs und die Gerste, denn die Gerste stand in Ähren und der Flachs in Blüte. Aber der Weizen und das Korn wurden nicht zerschlagen, denn es ist Spätgetreide.

Hier gibt es eine weitere Trennung, jetzt in der Schöpfung selbst, zwischen dem, was zerschlagen wird, und dem, was nicht zerschlagen wird. Vorher hatten wir die Trennung bei den Menschen, zwischen denen unter den Heiden, die Gottes Wort fürchten, und denen, die das nicht tun. Es gibt also nicht nur eine Trennung zwischen Israeliten und Nicht-Israeliten. Das weist den Weg in Bezug auf die Mission: Es gibt jene, die Jesu Wort annehmen, sich zu ihm bekehren und ihn als Gott annehmen, und jene, die das nicht tun. Das spiegelt sich sogar in der Schöpfung, wie wir hier sehen.

So ging nun Mose von dem Pharao zur Stadt hinaus und breitete seine Hände aus zum Herrn, und Donner und Hagel hörten auf, und der Regen troff nicht mehr auf die Erde. Als aber der Pharao sah, dass Regen, Donner und Hagel aufhörten, versündigte er sich weiter und verhärtete sein Herz, er und seine Großen. So wurde des Pharao Herz verstockt, dass er die Israeliten nicht ziehen ließ, wie der Herr durch Mose gesagt hatte.

Ist es nicht merkwürdig: In dem Moment, wo es uns ordentlich geht, vergessen wir den Herrn. So war es, als Jesus die zehn Aussätzigen heilte. Sie hatten bekommen, was sie haben wollten – und nur einer kam zurück, sogar ein Nicht-Israelit, ein Samariter, um ihm zu danken. Die Menschen leben für das Jetzt. Sie haben keinen Blick für diese große historische Kontinuität, und das ist ein Grundunterschied zwischen Mensch und Gott. Gott lebt mit historischer Kontinuität. Er ist Jahwe, der Herr der Geschichte, der seiende, wirkende Gott, vor den die ganze Geschichte gestellt wird. Das ist auch ein Grundunterschied zwischen Menschen und Tieren, denn Menschen leben in der Geschichte (auch wenn sie oft geschichtslos leben bzw. empfinden, wie auch jetzt am Ende der Tage), während Tiere gar keine Ahnung von Geschichte haben. Sie leben nur jeden Tag dahin. Aber leider bewegen sich manche Menschen ebenso auf diesem tierischen Niveau.

Die achte Plage: Heuschrecken (2. Mose 10,1–20)

Da sprach der Herr zu Mose: Geh hin zum Pharao; denn ich habe sein und seiner Großen Herz verhärtet, auf dass ich diese meine Zeichen unter ihnen tue und auf dass du verkündigest vor den Ohren deiner Kinder und deiner Kindeskinder, wie ich mit den Ägyptern verfahren bin und welche Zeichen ich unter ihnen getan habe, damit ihr wisset: Ich bin der Herr.

Dieses Verkündigen vor den Ohren der Kinder und Kindeskinder ist sehr wichtig, denn Gott ist der Herr der Geschichte, der Kontinuität, der Gott Abrahams, Isaaks und Jakobs. Die Geschichte setzt sich über die Kinder und Kindeskinder fort. Es steht immer wieder in der Thora, dass die Wunder, die das Volk Israel mit seinem Gott erlebt hat, den Kindern und Kindeskindern erzählt werden sollen. Es ist ein wichtiges Gebot. Auch wir haben etwas weiterzuerzählen: das Wunder von Jesu Kreuzesheil und seiner leiblichen Auferstehung von den Toten, das Wirken des Heiligen Geistes durch sein Wort, die Führung, die wir erleben. Dieses Gebot hat auch mit uns zu tun.

So gingen Mose und Aaron hin zum Pharao und sprachen zu ihm: So spricht der Herr, der Gott der Hebräer: Wie lange weigerst du dich, dich vor mir zu demütigen? Lass mein Volk ziehen, dass es mir diene! Weigerst du dich aber, mein Volk ziehen zu lassen, siehe, so will ich morgen Heuschrecken kommen lassen über dein Gebiet, dass sie das Land so bedecken, dass man von ihm nichts mehr sehen kann.

Hier deutet sich bereits die neunte Plage an, die Finsternis über dem Land.

Und sie sollen fressen, was euch noch übrig und verschont geblieben ist von dem Hagel, und sollen alle Bäume kahl fressen, die wieder sprossen auf dem Felde; und sie sollen füllen deine Häuser und die Häuser deiner Großen und aller Ägypter, wie es nicht gesehen haben deine Väter und deiner Väter Väter, seit sie auf Erden waren, bis auf diesen Tag. Und er wandte sich und ging vom Pharao hinaus.

Manche dieser Wunder, wie die Heuschrecken oder der Hagel oder die Frösche, sind Plagen, die Erfahrungen bringen, die die Ägypter kannten. Aber wenn das jetzt durch den Herrn kommt, geschieht es in einer Art und Weise, die alles übertrifft, was vorher je erlebt wurde. Und so ist auch der Weg der Bibel: In Jesus Christus werden alle seine Vorläufer, ob Mose, David, Josef, Elia oder Elisa, weit übertroffen und er erfüllt, was sie angekündigt haben.

Da sprachen die Großen des Pharao zu ihm: Wie lange soll dieser Mann uns Verderben bringen? Lass die Leute ziehen, dass sie dem Herrn, ihrem Gott, dienen. Willst du erst erfahren, dass Ägypten untergegangen ist?

Sogar die Großen geben nach. Ebenso geschah es im Dritten Reich. Himmler wollte, dass die letzten Juden nicht vergast würden, dass ein guter Vertrag mit den Amerikanern gemacht würde – er hatte gesehen, dass Deutschland dabei war, den Krieg zu verlieren. Aber Hitler weigerte sich, sich darauf einzulassen. Die gleiche Haltung hat hier der Pharao.

Da wurden Mose und Aaron wieder vor den Pharao gebracht. Der sprach zu ihnen: Geht hin und dienet dem Herrn eurem Gott. Wer von euch soll aber hinziehen?

Jetzt will er verhandeln.

Mose sprach: Wir wollen ziehen mit Jung und Alt, mit Söhnen und Töchtern ...

Das ganze Volk soll vereint wegziehen. Jung und

Alt, Söhne und Töchter haben eine gemeinsame Geschichte.

... mit Schafen und Rindern, denn wir haben ein Fest des Herrn.

Die Tiere gehören dazu. Bei dem Fest werden Tiere geopfert, aber die Tiere gelten auch als Freunde.

Er sprach zu ihnen: Oh ja, der Herr sei mit euch, so gewiss wie ich euch und eure Kinder ziehen lasse! Ihr seht doch selbst, dass ihr Böses vorhabt!

Er verhärtet sich in seinen alten Argumenten, die er von Anfang an gebracht hat: Da ist nichts hinter dieser Sache, außer dass sie aus ihrer Knechtschaft herauskommen wollen. Er hält sie für faul.

Nein, nur ihr Männer zieht hin und dient dem Herrn!

Er ist bereit, die Männer gehen zu lassen. Später, nach der neunten Plage, spricht er von Männern und Frauen, aber ohne Tiere. Er kämpft und verhandelt über alles.

Denn das ist es doch, was ihr begehrt habt. Und man stieß sie hinaus vom Pharao. Da sprach der Herr zu Mose: Recke deine Hand über Ägyptenland, dass Heuschrecken auf Ägyptenland kommen und alles auffressen, was im Lande wächst, alles, was der Hagel übrig gelassen hat. Mose streckte seinen Stab über Ägyptenland, und der Herr trieb einen Ostwind ins Land, den ganzen Tag und die ganze

Nacht. Und am Morgen führte der Ostwind die Heuschrecken herbei.

Der Wind Gottes, der Heilige Geist, bewegt sich so unsichtbar wie der Wind, und wir herrschen nicht über seine Richtung. Und so gehören die Winde aus allen Himmelsrichtungen dem Herrn.

Und sie kamen über ganz Ägyptenland und ließen sich nieder überall in Ägypten, so viele, wie nie zuvor gewesen sind noch hinfort sein werden. Denn sie bedeckten den Erdboden so dicht, dass er ganz dunkel wurde.

Das weist auf die nächste Plage, die Dunkelheit, voraus.

Und sie fraßen alles, was im Lande wuchs, und alle Früchte auf den Bäumen, die der Hagel übrig gelassen hatte, und ließen nicht Grünes übrig an den Bäumen und auf dem Felde in ganz Ägyptenland. Da ließ der Pharao eilends Mose und Aaron rufen und sprach: Ich habe mich versündigt an dem Herrn, eurem Gott, und an euch.

Jetzt geht er noch weiter mit seinem Bekenntnis: Er hat gesündigt an Gott und auch an seinem Volk, weil das Volk Gott gehört.

Vergebt mir meine Sünde nur noch diesmal und bittet den Herrn, euren Gott, dass er doch diesen Tod von mir wegnehme.

Mit seinen Worten geht der Pharao immer weiter, aber sein Herz ist verstockt.

Und Mose ging hinaus vom Pharao und betete zum Herrn. Da wendete der Herr den Wind, sodass er sehr stark aus Westen kam ...

Denn alle Winde aus allen Enden der Welt gehören ihm. So ist es mit seinem Heiligen Geist.

... der hob die Heuschrecken auf und warf sie ins Schilfmeer, dass nicht eine übrig blieb in ganz Ägypten. Aber der Herr verstockte das Herz des Pharao, dass er die Israeliten nicht ziehen ließ.

Die Heuschrecken werden ins Schilfmeer geworfen, das ist genau dort, wo die Ägypter sterben werden und wo Israel errettet wird.

Die neunte Plage: Finsternis (2. Mose 10,21–29)

Da sprach der Herr zu Mose: Recke deine Hand gen Himmel, dass eine solche Finsternis werde in Ägyptenland, dass man sie greifen kann. Und Mose reckte seine Hand gen Himmel. Da ward eine so dicke Finsternis in ganz Ägyptenland drei Tage lang ...

Hier muss ich Händels Vertonung dieser Verse: „Dunkelheit kam über das Land“ in seinem Oratorium „Israel in Ägypten“ erwähnen. Sie ist wunderbar.

Der Weg geht durch die Dunkelheit zum Licht. Aber bei den Israeliten ist es hell. Die „drei Tage“ kehren in der Bibel immer wieder: Die Israeliten sollen drei Tage weit in die Wüste gehen, um dem Herrn zu dienen; oder da sind die drei Tage Dunkelheit nach dem Kreuzestod Jesu, die drei Tage, in denen Paulus nichts sehen konnte, bis er dann getauft wurde, die drei Tage, die Jona im Bauch des Fisches in Finsternis verbrachte und auf die Jesus Bezug nahm. (Mt 12,39)

... dass niemand den andern sah noch weggehen konnte von dem Ort, wo er gerade war, drei Tage lang.

Die Ägypter bleiben stehen, sie kommen nicht weiter. Aber das Volk Israel wird ausziehen.

Aber bei allen Israeliten war es licht in ihren Wohnungen. Da rief der Pharao nach Mose und sprach: Zieht hin und dienet dem Herrn! Nur eure Schafe und Rinder lasst hier; aber eure Frauen und Kinder dürfen mit euch ziehen.

Der Pharao geht jetzt einen Schritt weiter. Vorher, bei der achten Plage, wollte er nur die Männer ziehen lassen, jetzt auch die Frauen und Kinder, aber nicht die Tiere.

Mose sprach: Willst du uns denn Schlachtopfer und Brandopfer mitgeben, die wir unserm Gott, dem Herrn, darbringen?

Schlachtopfer und Brandopfer dienen der Anerkennung von Gottes Herrschaft über alles, was lebt und sich regt. Diese Herrschaft drückt sich auch in den zehn Plagen aus. Durch Schlachtopfer wird die Gemeinschaft, die Gott seinem Volk Israel anbietet, angenommen. Gott schließt Gemeinschaft mit diesem Volk, um es mit starker Hand herauszuführen. Es geht nicht nur um die Tiere, sondern um das, was der Herr will. Es geht aber auch um die Tiere als Freunde der Menschen.

Auch unser Vieh soll mit uns gehen – nicht eine Klaue darf dahinten bleiben ...

Saul dagegen brachte nicht das ganze Opfer dar, das der Herr haben wollte. Gott will das Ganze. Bei ihm gibt es keinen Kompromiss. Das wird hier sehr deutlich ausgedrückt. Gott will unser Herz haben. Die totale Hingabe an den Herrn ist uns nicht möglich, wir sind keine Engel. Aber sie ist Gottes Ziel für uns. Wenn wir uns zu ihm bekehren und so gut wir können aus seiner Kraft als wahre missionarische Christen leben, werden wir ihm in seinem Reich ganz und gar gehören.

... denn davon müssen wir nehmen zum Dienst unseres Gottes, des Herrn. Wir wissen nicht, womit wir dem Herrn dienen sollen, bis wir dorthin kommen.

Der Herr verfügt über Zeit, über Sinn, über Ziele. Hier geht es um Gehorsam gegenüber seinem Willen. Die Menschenweisheit will alles hinterfragen wie zur Zeit der Aufklärung oder in der modernistischen Theologie, aber Gott will unseren Gehorsam – auch wenn wir nicht wissen, was hinter seinen Anweisungen steckt, denn „so viel der Himmel höher ist als die Erde, so sind auch meine Wege höher als eure Wege und meine Gedanken als eure Gedanken". (Jes 55,9)

Aber der Herr verstockte das Herz des Pharao, dass er

sie nicht ziehen lassen wollte. Und der Pharao sprach zu ihm: Geh von mir und hüte dich, dass du mir nicht mehr vor die Augen kommst; denn an dem Tage, da du mir vor die Augen kommst, sollst du sterben. Mose antwortete: Wie du gesagt hast; ich werde dir nicht mehr vor die Augen kommen.

Der Pharao maßt sich hier eine Vollmacht über Leben und Tod an, die Gott gehört. Und das wird er bei der zehnten Plage begreifen, wenn er seinen Nachfolger, seinen ältesten Sohn, verliert.

Die zehnte Plage wird angekündigt: Tötung der Erstgeburt (2. Mose 11,1–10)

Und der Herr sprach zu Mose: Eine Plage noch will ich über den Pharao und Ägypten kommen lassen.

Die zehnte Plage! Denn es gibt zehn Plagen, nicht nur als Zeichen der Herrschaft über Leben und Tod und über Gericht, sondern auch weil Gott gerecht ist und so den Weg weist zu den Zehn Geboten.

Dann wird er euch von hier wegziehen lassen, und nicht nur das, sondern er wird euch von hier sogar vertreiben.

Die ganze Zeit ist das Herz des Pharaos verstockt gewesen, und jetzt wird er sagen: „Ich kann es nicht mehr ertragen, dieses Volk zu sehen.“ Zu Mose hat er bereits gesagt: „Weg von mir, ich will dich nicht mehr sehen.“ Er kann das nicht mehr aushalten.

So sage nun zu dem Volk, dass ein jeder sich von seinem Nachbarn und eine jede von ihrer Nachbarin silbernes und goldenes Geschmeide geben lasse.

Diese Wertsachen bekommen sie noch dazu. Sie sollen nicht nur ausziehen können, sondern mit Hab und Gut weggehen. Dagegen hat der satanische Hitler den Juden alles Hab und Gut weggenommen und dann auch noch ihr Leben.

Und der Herr verschaffte dem Volk Gunst bei den Ägyptern, und Mose war ein sehr angesehener Mann in Ägyptenland vor den Großen des Pharao und vor dem Volk.

Das liegt an den Wundern, die Mose getan hat. Außerdem haben sie gemerkt, dass er für den allmächtigen Gott spricht. Nun steht Mose da, wo Josef auch einmal stand. Josef war lange Zeit sehr angesehen in Ägypten, bis ein Pharao kam, der Josef nicht kannte. Zumindest bei den Großen und beim Volk steht Mose jetzt in hohem Ansehen, genau wie Josef vor ihm.

Und Mose sprach: So spricht der Herr: Um Mitternacht will ich durch Ägyptenland gehen, und alle Erstgeburt in Ägyptenland soll sterben, vom ersten Sohn des Pharao an, der auf seinem Thron sitzt, bis zum ersten Sohn der Magd, die hinter ihrer Mühle hockt, und alle Erstgeburt unter dem Vieh.

Dieses Gericht ist ein Zeichen von Gottes Herrschaft – wie später die Zehn Gebote, die Israel bekommen wird –, der Herrschaft über Vieh, Magd, alle Menschen bis hin zum Pharao.

Und es wird ein großes Geschrei sein in ganz Ägyptenland, wie nie zuvor gewesen ist noch werden wird, aber gegen ganz Israel soll nicht ein Hund mucken, weder gegen Mensch noch Vieh, auf dass ihr erkennt, dass der Herr einen Unterschied macht zwischen Ägypten und Israel.

Es kommt zu einer scharfen Trennung zwischen denen, die ihm gehören, und denen, die ihm nicht gehören. Hier geht es um Gericht und Gnade. Auch wenn Israel versagt hat, auch wenn Mose versagt hat – es ist und bleibt sein Volk. Auch wenn Petrus und die anderen Jünger in der Passionszeit und unterm Kreuz versagt haben – es sind und bleiben seine Jünger. Es ist und bleibt sein Bund. Gott steht zu seinem Bund. So zeigt sich Gottes Treue.

Dann werden zu mir herabkommen alle diese deine Großen und mir zu Füßen fallen und sagen: Zieh aus, du und alles Volk, das dir nachgeht. Und daraufhin werde ich ausziehen. Und Mose ging vom Pharao mit grimmigem Zorn. Der Herr aber sprach zu Mose: Der Pharao wird nicht auf euch hören, auf dass meine Wunder noch mehr werden in Ägyptenland. Und Mose und Aaron haben diese Wunder alle getan vor dem Pharao; aber der Herr verstockte ihm das Herz, sodass er die Israeliten nicht ziehen ließ aus seinem Lande.

Und so kommt es zur Einsetzung des Passafestes, das bis heute für die Juden ein zentrales Fest geblieben ist.

Das Passafest

Die Feier des Passafestes (2. Mose 12,1–28)

Der Herr aber sprach zu Mose und Aaron in Ägyptenland: Dieser Monat soll bei euch der erste Monat sein, und von ihm an sollt ihr die Monate des Jahres zählen. Sagt der ganzen Gemeinde Israel: Am zehnten Tage dieses Monats nehme jeder Hausvater ein Lamm, je ein Lamm für ein Haus. Wenn aber in einem Hause für ein Lamm zu wenige sind, so nehme er's mit seinem Nachbarn, der seinem Hause am nächsten wohnt, bis es so viele sind, dass sie das Lamm aufessen können. Ihr sollt aber ein solches Lamm nehmen, an dem kein Fehler ist, ein männliches Tier, ein Jahr alt. Von den Schafen und Ziegen sollt ihr's nehmen und sollt es verwahren bis zum vierzehnten Tag des Monats. Da soll es die ganze Gemeinde Israel schlachten gegen Abend.

Und sie sollen von seinem Blut nehmen und beide Pfosten an der Tür und die obere Schwelle damit bestreichen an den Häusern, in denen sie's essen, und sollen das Fleisch essen in derselben Nacht, am Feuer gebraten, und ungesäuertes Brot dazu und sollen es mit bitteren Kräutern essen. Ihr sollt es weder roh essen noch mit Wasser gekocht, sondern am Feuer gebraten mit Kopf, Schenkeln und inneren Teilen. Und ihr sollt nichts davon übrig lassen bis zum Morgen; wenn aber etwas übrig bleibt bis zum Morgen, sollt ihr's mit Feuer verbrennen.

So sollt ihr's aber essen: Um eure Lenden sollt ihr gegürtet sein und eure Schuhe an euren Füßen haben und den Stab in der Hand und sollt es essen als die, die hinwegeilen; es ist des HERRN Passa. Denn ich will in derselben Nacht durch Ägyptenland gehen und alle Erstgeburt schlagen in Ägyptenland unter Mensch und Vieh und will Strafgericht halten über alle Götter der Ägypter, ich, der HERR. Dann aber soll das Blut euer Zeichen sein an den Häusern, in denen ihr seid: Wo ich das Blut sehe, will ich an euch vorübergehen und die Plage soll euch nicht widerfahren, die das Verderben bringt, wenn ich Ägyptenland schlage.

Ihr sollt diesen Tag als Gedenktag haben und sollt ihn feiern als ein Fest für den HERRN, ihr und alle eure Nachkommen, als ewige Ordnung. Sieben Tage sollt ihr ungesäuertes Brot essen. Schon am ersten Tag sollt ihr den Sauerteig aus euren Häusern tun. Wer gesäuertes Brot isst, vom ersten Tag an bis zum siebenten, der soll ausgerottet werden aus Israel. Am ersten Tag soll heilige Versammlung sein und am siebenten soll auch heilige Versammlung sein. Keine Arbeit sollt ihr dann tun; nur was jeder zur Speise braucht, das allein dürft ihr euch zubereiten. Haltet das Gebot der ungesäuerten Brote. Denn eben an diesem Tage habe ich eure Scharen aus Ägyptenland geführt; darum sollt ihr diesen Tag halten, ihr und alle eure Nachkommen, als ewige Ordnung.

Am vierzehnten Tage des ersten Monats am Abend sollt ihr ungesäuertes Brot essen bis zum Abend des einundzwanzigsten Tages des Monats, sodass man sie-

ben Tage lang keinen Sauerteig finde in euren Häusern. Denn wer gesäuertes Brot isst, der soll ausgerottet werden aus der Gemeinde Israel, auch ein Fremdling oder ein Einheimischer des Landes. Keinerlei gesäuertes Brot sollt ihr essen, sondern nur ungesäuertes Brot, wo immer ihr wohnt.

Und Mose berief alle Ältesten Israels und sprach zu ihnen: Lest Schafe aus und nehmt sie für euch nach euren Geschlechtern und schlachtet das Passa. Und nehmt ein Büschel Ysop und taucht es in das Blut in dem Becken und bestreicht damit die Oberschwelle und die beiden Pfosten. Und kein Mensch gehe zu seiner Haustür heraus bis zum Morgen. Denn der HERR wird umhergehen und die Ägypter schlagen. Wenn er aber das Blut sehen wird an der Oberschwelle und an den beiden Pfosten, wird er an der Tür vorübergehen und den Verderber nicht in eure Häuser kommen lassen, um euch zu schlagen.

Darum so halte diese Ordnung für dich und deine Nachkommen ewiglich. Und wenn ihr in das Land kommt, das euch der HERR geben wird, wie er gesagt hat, so haltet diesen Brauch. Und wenn eure Kinder zu euch sagen werden: Was habt ihr da für einen Brauch?, sollt ihr sagen: Es ist das Passaopfer des HERRN, der an den Israeliten vorüberging in Ägypten, als er die Ägypter schlug und unsere Häuser errettete. Da neigte sich das Volk und betete an. Und die Israeliten gingen hin und taten, wie der HERR es Mose und Aaron geboten hatte.

Passa als Fest der Befreiung

Hier geht es einzig und allein um die Befreiung des Volkes Israel. Zwar gibt es auch unter den Ägyptern Menschen, die wissen, dass Israel Gottes Volk und sein Gott der wahre Gott ist, und die sich daher dem Volk auf seinem Weg in die Freiheit anschließen. Auch die Bestimmungen im Alten Bund umfassen nicht nur die Juden, sondern ebenso die Völker und Menschen, die freiwillig dem Volk Gottes angehören wollen, wie zum Beispiel später Rahab.

Trotzdem kann man im Allgemeinen sagen: Passa ist ein Fest der Juden. Um das deutlich zu machen, muss jeder Jude, der Passa feiert, seine Tür für jeden Juden, der unterwegs ist, offen halten, damit er an der Feier teilnehmen kann. Freilich würde man auch einem Nichtjuden, der sich zum Gott Israels bekennt, im Sinne der Thora die Tür öffnen. Aber es geht hier vor allem um *ein* Volk.

Man spricht heute viel von einer „Theologie der Befreiung", die ihren Auftrag im sozialen und politischen Gebiet sieht, aber diese Art der Befreiung ist unbiblisch. Jesus weigerte sich, sein Volk sozial und politisch zu befreien. Er hätte die Macht gehabt, Israel aus der Herrschaft der Römer zu reißen, und sein Volk und seine Jünger, nicht nur Judas Iskariot, erwarteten das auch von ihm. Seine Jünger verstanden seinen Weg der Erlösung nicht. Sie verließen ihn, als er ans Kreuz ging. Sie wollten eine Befreiung Israels durch Gewalt, damit die Völker zum Glauben an den

Gott Israels kommen und nach Israel pilgern würden. Diese Erwartung Israels richtet sich aber in Wahrheit auf die Endzeit. Bei seiner Wiederkunft wird Jesus diese Hoffnung erfüllen. Aber damals, bei seiner ersten Ankunft auf der Erde, tat er es nicht.

Er wollte eine tiefere Befreiung schaffen, die Befreiung von uns selbst und vom Satan, der in uns, um uns und über uns ist. Er wollte offenbaren, dass die äußeren Feinde – ob die Römer oder andere – nicht die schlimmsten sind. Eine menschliche Befreiung, auch wenn sie im Namen einer zeitgemäßen Theologie geschieht, führt nie zu der Freiheit, die Jesus Christus uns schenken will, und oft genug führt sie in noch schlimmere Unterdrückung.

Wenn man die Bibel richtig versteht, liegt auch schon im Alten Testament die Hauptbetonung bei der Passafeier nicht auf der Erlösung von sozialer und politischer Unterdrückung. Es wird zwar davon gesprochen, vor allem in der Haggada, dem jüdischen Passabuch. Aber es liegt nicht der Schwerpunkt darauf.

Wir müssen erkennen, dass es für Israel immer zuerst um das Verhältnis zu Gott geht. Das Problem des Volkes ist der Götzendienst. Das wird klar beim Tanz um das Goldene Kalb, einer zentralen Begebenheit in der Wüste. Das wird auch deutlich in Josua 24,14b, dem bedeutsamen Text über die Landnahme, als Josua das Volk vor die Entscheidung stellt: „... lasst fahren die Götter, denen eure Väter gedient haben jenseits des Euphratstroms und in Ägypten, und dient dem Herrn.“ Darum kann die wirkliche Befreiung Israels nur geschehen, indem das Volk wieder in die unmittelbare Beziehung zu Gott gerufen und auf den Empfang der Zehn Gebote vorbereitet wird.

Israel muss aus Ägypten herauskommen, um nicht ewig in der Götzenanbetung gefangen zu bleiben. Den Tanz um das Goldene Kalb haben sie ja in Ägypten gelernt. Das Problem der Götzenanbetung, die Gefahr, ihren Weg nur mit weltlichen Augen zu sehen, begleitet das Volk auf der ganzen Wüstenwanderung. Das wird offenbar in der Weigerung, das Land einzunehmen, und zieht sich hin bis Josua 24. Lange hat Israel falsche Götter, falsche Nichtse angebetet, und es dauert Jahre und Jahrzehnte, bis Israel davon frei wird.

Wenn ein Jude seine eigene Tradition in der letzten Tiefe versteht, weiß er, worum es bei der Befreiung, die im Passa gefeiert wird, geht: Hier wird nicht nur der physischen Knechtschaft ein Ende gemacht, der politischen, sozialen und wirtschaftlichen Versklavung in Ägypten, sondern es geht um die Vernichtung des Götzendienstes, der Israel von seinem wahren Gott trennt. Hier sind es die Götter Ägyptens. Später kommen andere wie Baal an die Reihe.

So zeigt sich auch schon im alten Bund, dass die politische, soziale und wirtschaftliche Befreiung nur geschieht, um die eigentliche, nämlich die religiöse, möglich zu machen.

Das neue Passa

Das alte Passa war ein Fest nur für das Volk der Juden und für diejenigen, die sich an dieses Volk hielten. Das neue Passa, Jesu Abendmahl, sein Kreuz, ist ein Angebot an alle Völker. Es kennt keine Völkergrenzen. Es gilt für alle Menschen aller Zeiten und reicht sogar rückwirkend zu denen, die davor gestorben sind (1. Petrus 3,19; 4,6: Jesus hat auch den Toten das Evangelium gepredigt).

Die Befreiung, die Jesus bewirkt, ist noch viel umfassender als die Befreiung des alten Passa: Es geht hier um die Überwindung von Sünde überhaupt, nicht nur um die Loslösung von Götzen. Satan und seine Mächte und Kräfte in uns, um uns und über uns werden besiegt.

Jesus Christus befreit von der Erbsünde, dem Urgötzen und Zentrum allen Unglaubens, nämlich dem Glauben an uns selbst, der uns selbst zum Maßstab aller Dinge erklärt: „Ich will so mächtig und kräftig sein wie Gott!“ – „Ich will über Leben und Erkenntnis herrschen!“

Das Neue Testament bezeugt deutlich an vielen Stellen, dass unser alter Mensch mit seinem Glauben an sich selbst und seinem Drang, sich selbst zu bestimmen, sterben muss. Und das nicht nur ein für alle Mal, sondern immer wieder neu durch die Buße, damit Jesus Christus wirklich Herr unseres Lebens wird. Damit ist das neue Passa eine Überhöhung des alten, und zwar sowohl im Blick auf die Menschen, denen diese Befreiung gilt (allen Menschen gegenüber nur einem Volk), als auch im Verständnis seiner Auswirkung.

Passa als Familienfest

Passa war vor allem ein Opferfest (und dazu brauchte man den Tempel) und danach ein Familienfest. Passa wurde immer in der Großfamilie gefeiert. Alle, die einem nahe standen, wurden eingeladen, und jeder kam. Wo der Gott Israels in der jüdischen Familie der Mittelpunkt ist, da gibt es Geborgenheit in der Familie. Man feiert Passa als Familienfest mit der Haggada, die eine Mischung aus Bibel und Tradition darstellt; diese wird während eines langen Gottesdienstes gelesen, in dem auch gegessen und getrunken wird.

Beim neuen Passa am Gründonnerstag definiert Jesus seine neue Familie. Er gründet den neuen Bund: „Das ist mein Blut des Bundes, das vergossen wird für viele zur Vergebung der Sünden“ (Mt 26,28). Diese Linie zieht sich durch das ganze Neue Testament, so auch in Matthäus 12,48ff., wo es heißt: „Wer ist meine Mutter, und wer sind meine Brüder? Und er streckte die Hand aus über seine Jünger und sprach: Siehe da, das ist meine Mutter, und das sind meine Brüder! Denn wer den Willen tut meines Vaters im Himmel, der ist mir Bruder und Schwester und Mutter.“ Die Gründung des neuen Bundes der Jesus-Gläubigen nimmt also die Tradition des Passafestes auf, das von

Urzeiten an ein zutiefst familiär geprägtes Fest war, und ebenso erneuert und vertieft der unmittelbar bevorstehende Kreuzestod Jesu die Tradition des Passafestes als Opferfest. Gerade die wichtigsten Züge des alten Passafestes bekommen so im Neuen Bund am Gründonnerstag eine neue Bedeutung.

Die Passatradition

Ganz unbeabsichtigt und ahnungslos hat sich die jüdische Tradition immer mehr an Christus angenähert, und im Rückblick von Christus her enthüllt sich ihr eigentlicher Sinn. Das sehen wir sehr deutlich beim Passa. In der Passatradition – nicht in der biblischen, sondern in der mittelalterlichen – zielt fast alles von zentraler Bedeutung auf Christus, ohne dass die Juden es wissen oder wollen. Daran erkennen wir, dass Jesus sein Volk des alten Bundes so liebt, dass sich sogar die Tradition der Haggada nur auf ihn richtet. So wird Israel, wenn es einmal Jesus annimmt, nicht nur im biblischen Ursprung des Passafestes, sondern in seiner gesamten Tradition den Bezug zu Christus finden. Jesus lässt sein Volk nicht los. Das gilt nicht nur für die biblische Zeit, sondern auch heute.

Wir wollen nun einzelne Elemente der Passatradition betrachten und sehen, was sie mit Jesus zu tun haben.

Das Passalamm

Zur Passafeier soll ein Lamm geschlachtet werden. Es erinnert an den Abend des Auszugs aus Ägypten. In dieser Nacht soll jeder erstgeborene Sohn der ägyptischen Familien sterben. Gott selbst will dafür Vergeltung üben, dass die Ägypter die neugeborenen Söhne der Juden getötet haben. Damit Israel vor dem Zugriff des Todesengels gerettet wird, soll jede Familie ein fehlerloses einjähriges Lamm schlachten und mit seinem Blut die obere Türschwelle und die beiden Türpfosten bestreichen.

Wir haben hier eine genaue bildliche Darstellung von Golgatha: Die obere Türschwelle deutet auf Jesus am Kreuz mit seinen ausgestreckten Armen und segnenden Händen hin, die beiden Türpfosten stehen gleichsam für die beiden Schächer, die neben Jesus gekreuzigt wurden. Die Bibel redet durch Wort und durch Bild!

Die Türschwelle und die Türpfosten weisen aber auch noch auf etwas anderes hin, nämlich auf die Tür zu Gottes Himmelreich. Jesus sagt: „Ich bin die Tür." Auf Golgatha ist der Eingang zum Himmelreich, und einer der Schächer tut Buße, nimmt Jesus an und geht durch diese Tür ein, der andere verhöhnt Jesus, und für ihn wird diese Tür verschlossen. Das Kreuz Jesu ist die Tür, denn es steht an der Stelle des Gesetzes für uns. Jesus hat das Gesetz in Buchstaben und Geist für uns vollbracht. An ihm vorbei gibt es keinen Weg ins Himmelreich.

Bei der Passafeier ist es sehr wichtig, dass die Knochen der Lämmer, die geschlachtet werden, nicht zerbrochen werden dürfen. Andernfalls ist das Tier nicht als Passalamm brauchbar. Johannes berichtet von der Kreuzigung Jesu ausdrücklich, dass man ihm nicht die Beine brach.

Wichtig ist auch, dass Jesus jung in den Tod gehen musste. Er musste in den besten Jahren sterben, um das Passalamm zu sein. Manche Leute bedauern es, dass Jesus nicht weiß, was es heißt, eine alte Person zu sein, zerbrechlich zu werden, jeden Tag zu merken, wie die Kraft immer mehr nachlässt. Aber das Passalamm muss einjährig, also jung sein. Es darf auch keinen Fehler haben. Jesus war der einzig Reine. An ihm war keine Schuld zu finden. Auch hier im geistlichen Bereich wird das alte Passa erhöht und vollendet.

Jesu Blut schützt uns gegen den ewigen Tod, wie das Blut des Lammes gegen den Todesengel in Ägypten schützt.

Ein gedeckter Tisch

„Der gedeckte Tisch“ heißt ein berühmtes Buch, das Josef Caro im 16. Jahrhundert geschrieben hat und in dem er aufzählt, was ein Jude essen darf und was nicht. Alle diese Gedanken kann man auch in Bezug setzen zu Passa, denn Passa ist eine gesehene, gelebte, gegessene Wirklichkeit. Alle Gerichte auf dem Tisch haben eine zeichenhafte Bedeutung, und diese wird den Feiernden sinnfällig bis in den Leib hinein nahe gebracht.

Die gleichnishafte Tischgemeinschaft, die in Jesu Abendmahl vollendet ist, zieht sich durch die ganze

Bibel. Das beginnt bei Abraham, dem Melchisedek Brot und Wein entgegenbringt – eine wichtige Vorausdeutung auf das Abendmahl. Nachdem Mose, Aaron, Nadab und Abihu zusammen mit siebzig Ältesten des Volkes auf dem Berg Sinai Gott gesehen hatten, „aßen und tranken sie" (2. Mose 24,11). Jesus hatte sowohl Tischgemeinschaft mit den Zöllnern und Sündern als auch mit seinen Jüngern, um zu zeigen: „Ich bin für alle Menschen da, für die Verlorenen und die Berufenen, allumfassend, und diese Gemeinschaft geht bis in den Leib hinein."

Wir denken oft zu griechisch, zu leibfeindlich. Die Bibel ist da nicht so, sie denkt auch leiblich. Auch die Auferstehung muss man von der Bibel her so sehen: „Ich glaube an die Auferstehung des *Leibes.*" Leib, Seele und Geist bilden in der Bibel eine unzertrennliche Einheit.

Womit ist der Tisch nun für die Passafeier gedeckt?

Das Passa-Ei. Dieses Ei in Salzwasser esse ich immer gerne in dieser Zeit. Wir merken hier, wie das Judentum vom Christentum beeinflusst ist. Denn das Osterei ist nichts anderes als ein Zeichen der Auferstehung. Und das Ei in Salzwasser bedeutet: Wir gehen lebendig durch den Tod – das Ei ist ein Zeichen für das Leben, das Salzwasser ein Zeichen für den Tod. Dass ein Passa-Ei gegessen wird, wurde im Mittelalter eingeführt, nachdem schon im frühen Mittelalter, also davor, das Osterei als Zeichen der Auferstehung bekannt war.

Die drei Matzen (Mazzoth). Das sind flache ungesäuerte Brotfladen, die aus Wasser und Mehl gebacken werden. Der Backprozess, vom Mischen des Mehls mit Wasser bis zur fertig gebackenen Matze, darf nicht länger als 18 Minuten dauern, zur Erinnerung an den hastigen Aufbruch aus der ägyptischen Knechtschaft.

Am Abend der Passafeier gehören drei Matzen auf den Tisch, die durch ein Tuch voneinander getrennt sind. Auch hier können wir Hinweise auf Jesus entdecken: Die Matze in der Mitte, zerbrochen, symbolisiert Jesus. Das Tuch ist die Binde vor den Augen Israels, die verhindert, dass sie Jesus sehen. Die beiden Matzen daneben stehen für die Männer, die neben Jesus gekreuzigt wurden, und damit auch für die beiden möglichen Reaktionen auf das Angebot Jesu: Annahme und Ablehnung. Den Juden ist nicht bewusst, was die jüdische Tradition hier bedeutet. Judenchristen wissen es.

Bei der Passafeier mit seinen Jüngern brach Jesus Matzen und sprach: „Nehmet und esset, das ist mein Leib." Das ungesäuerte Brot wird schnell gebacken und hält lange, wie es auf dem Weg durch die Wüste nötig war. Es verweist auf Jesus, der schnell gekreuzigt wurde, während das Heil, das er durch das Opfer seines Leibes geschaffen hat, ewig anhält.

Charosset. Charosset ist eine Mischung aus Apfel- und Feigenstückchen, Datteln und Nüssen, mit etwas Wein zusammengeknetet und mit Zimt oder Ingwer bestreut. Es ist ein lehmartiges Gericht. Seine Farbe soll an den Lehm erinnern, mit dem Israel die Ziegel hergestellt und Stockwerk um Stockwerk die Vorratsstädte für den Pharao gebaut hat. Ich sehe darin, wie Jesus das Leiden Israels in der Knechtschaft durch sein eigenes Leiden Stück für Stück, Nagel für Nagel, Stunde um Stunde an seinem Leib in Gottes Himmelreich hinaufgenommen hat.

Bittere Kräuter. Die bitteren Kräuter erinnern an die Bitterkeit der Knechtschaft in Ägypten. Der Bezug zu Jesu Opfertod ist sehr klar. Am Kreuz hat Jesus keinen Wein zu sich genommen. Er wollte kein Betäubungsmittel, und er wollte nicht vom Gewächs des Weinstocks trinken bis zu dem Tag, an dem er es in seinem Reich tun würde. Als der Hohepriester in Ewigkeit, wie ihn der Hebräerbrief nennt, hielt er sich an das Gebot aus 3. Mose 10,9, dass ein Priester beim Opferdienst keinen Wein trinken darf.

Jesus lehnte den mit Galle vermischten Wein ab, schmeckte aber trotzdem von dieser Galle. Ihre Bitterkeit ist in den bitteren Kräutern der Passafeier vorweggenommen. Die bittere Knechtschaft, die Jesus für uns am Kreuz trug, war nicht die Knechtschaft in Ägypten, sondern die der Sünde, die noch bitterer ist als die Kräuter, die den Frondienst in Ägypten symbolisieren. Deswegen nahm er, wenn auch unwillig, die Galle zum Zeichen, dass er die letzte Bitterkeit auf sich lud, die uns um unserer Sünde willen zukam.

Elias Wein. Die Haustür wird zum Würgeengel hin aufgemacht. Ein Glas Wein wird für den Propheten Elia auf einen Tisch hingestellt. Denn der Tod hat keine Macht über Elia. Er ist lebendig zum Herrn entrückt worden. Er soll wiederkommen, um den Weg des Messias zu bereiten.

Auch hier ist für Christen der Bezug zu Jesus klar zu erkennen. Johannes der Täufer ist der wiederkommende Elia, und er bereitet dem Überwinder des Todes den Weg. Außerhalb der Tür zum Passa lauert der Todesengel.

Alle diese Gerichte, ob sie biblisch begründet sind oder aus der mittelalterlichen jüdischen Tradition stammen, haben direkt mit Jesus zu tun, auch wenn die Juden es nicht wissen oder nicht wissen wollen.

Die Passafeier Jesu

Jesus feierte Passa nicht am Tag des jüdischen Passafestes. Das ist absolut unmöglich. Er tat es am Tag zuvor. Johannes hat das sehr deutlich und klar überliefert. Wir erkennen das an folgenden Tatsachen:

1. Jeder Jude weiß zu Passa: Niemand geht vor die Tür hinaus. Der Todesengel lauert dort. Das ist ein unheimliches Gefühl, vor allem für ein Kind. Jesus aber ging mit seinen Jüngern an diesem Abend hinaus vor die Tür. Man könnte das als Zeichenhandlung verstehen: „Ich habe Macht über den Tod, auch für meine

Jünger. Ich werde den Tod für sie entmächtigen." Aber wer verhaftete Jesus in dieser Nacht? Die jüdische Polizei, die nicht an ihn glaubte. Kein einziger Polizist wäre am Passafest hinausgegangen, auch nicht wegen einer dringenden Verhaftung. Man tat das nicht.

2. Jesus bekam einen der schönsten Säle in ganz Jerusalem zum Feiern, obwohl er sich erst 24 Stunden vorher darum kümmerte. Einen schönen Saal zum Passafest musste man aber mindestens ein Jahr im Voraus bestellen. Passa war ein Opferfest, und opfern konnte man nur im Tempel in Jerusalem. Zu diesem Hauptfest wollte jeder in Jerusalem sein. Trotzdem bekam Jesus seinen Saal. Warum? Weil niemand etwas am Abend vor Passa feierte.

3. Johannes sagt uns mit absoluter Authentizität: Als die Passalämmer geschlachtet wurden, wurde Jesus ans Kreuz genagelt. Und das ist die Wahrheit. Er trat an die Stelle der Passalämmer, und das bis auf den Tag und die Stunde genau. So musste es sein, und es konnte nicht anders sein.

An der Leidensgeschichte Jesu sehen wir besonders, dass alles bei Jesus neu ist. Er zog am Palmsonntag mit zwei Eseln ein, und er ritt auf einem, der noch nie geritten wurde, um zu zeigen: „Hier ist etwas ganz Neues." Um diese Einmaligkeit zu unterstreichen, nahm er sogar zwei Tiere zu Zeugen.

Jesus wurde von einer Frau zum König über Israel gesalbt. Das ist nicht nur neu, sondern nach alttestamentlichem Brauch unmöglich. Königliche Salbungen musste ein Prophet oder ein Hohepriester vornehmen. Maria, Marthas Schwester, nahm das kostbare Öl und goss es auf Jesu Haupt (Mt 26, 6–13; Joh 12,1–8). Judas sprach für die moderne Theologie, als er sagte: „Lieber soll man das Geld den Armen geben." Die Armen, die Nächsten sind vielen Menschen wichtiger als Gott. In der modernen Theologie geht fast alles um Menschen in Not, um die Dritte Welt, aber nicht zuerst um Gott. Das ist Judas. Man muss das deutlich sagen. Jesus aber wehrte ab: „Lasst sie, sie tut das als Vorbereitung auf meinen Tod." INRI, Jesus von Nazareth, König der Juden – das ist die Inschrift über Jesu Kreuz, und Maria salbte ihn als den gekreuzigten Herrn zum König über Israel.

Dieses einmalige Geschehen zeigt uns: Mit Jesus ist alles neu, auch wenn alles tiefe Wurzeln im Alten Testament hat. Das ist kein Widerspruch. Beide Testamente sind zu verbinden, es gibt nicht eines auf Kosten des anderen. Man kann auch nicht das neue Israel an die Stelle des alten setzen, wie die lutherische Theologie es tut. Das alte Israel hat hier immer noch seine Bedeutung (siehe Röm 11), denn „Gottes Gaben und Berufung können ihn nicht gereuen" (Röm 11,29). Aber gleichzeitig entsteht im neuen Bund, im neuen Israel etwas ganz Neues, was über den alten Bund hinausgeht.

Die Zahl vier

Was bedeutet die Zahl vier in der Bibel? Sie weist auf die vier Himmelsrichtungen hin, hat allumfassend die gesamte Erde im Blick. In der Haggada spielt sie eine große Rolle und taucht in der Passafeier den ganzen Abend über immer wieder auf.

Viermal wird die Frage gestellt: „Warum ist diese Nacht anders als jede andere Nacht?", und es werden vier Antworten gegeben. Vier Gläser Wein werden getrunken, aber sie werden nicht jedes Mal ganz geleert. Wir gießen immer wieder nach.

Dann gibt es die vier Sohnestypen: den Fleißigen und den Faulen, den Klugen und den Dummen. Ich war als Kind ungeheuer dumm und faul, und ich musste diese Fragen stellen und das alles lesen. Das hat mich lange Zeit in Verlegenheit gebracht.

Was hat die Zahl vier nun mit Jesus und seinem Leiden zu tun? Im Johannesevangelium wird von vier Heidenknechten berichtet, die das Los um Jesu Gewand warfen. Sein Kleid war das Zeichen der Erwählung. Dass vier Heidenknechte um Jesu Gewand losten, bedeutet, dass das Heil, die Erwählung, auch an die Heiden in alle vier Himmelsrichtungen gehen wird. Das endgültige Passalamm, Jesus Christus, wird das Heil als Angebot für die Heiden in aller Welt bringen.

Der Auszug aus Ägypten

Die zehnte Plage: Sterben der Erstgeburt Ägyptens (2. Mose 12,29–30)

Und zur Mitternacht schlug der Herr alle Erstgeburt in Ägyptenland ...

Das ist ein Zeichen: Er ist Herr über Leben und Tod. Das Beste gehört ihm. So muss in Israel der erstgeborene Sohn, der dem Herrn gehört, zeichenhaft zurückgekauft werden. Das sehen wir auch bei der Darstellung Jesu im Tempel (Lk 2,22ff.). Und Jesus, Gottes eigener Sohn, wird hingegeben für uns, stellvertretend, als Angebot für alle.

... vom ersten Sohn des Pharao an, der auf seinem Thron saß, bis zum ersten Sohn des Gefangenen im Gefängnis und alle Erstgeburt des Viehs.

Es ist ein allumfassendes Gericht!

Da stand der Pharao auf in derselben Nacht und alle seine Großen und alle Ägypter, und es ward ein großes Geschrei in Ägypten; denn es war kein Haus, in dem nicht ein Toter war.

Unter Hitler gab es in meinem Volk auch kein Haus, in dem nicht ein Toter war.

Der Auszug aus Ägypten (2. Mose 12,31–42)

Und er ließ Mose und Aaron rufen in der Nacht und sprach: Macht euch auf und ziehet weg aus meinem Volk, ihr und die Israeliten. Geht hin und dienet dem Herrn, wie ihr gesagt habt. Nehmt auch mit euch eure Schafe und Rinder, wie ihr gesagt habt.

Jetzt gesteht ihnen der Pharao alles zu, was er nach der neunten Plage noch verweigert hat!

Geht hin und bittet auch um Segen für mich.

In 1. Mose 27,29 heißt es: „Verflucht sei, wer dir flucht; gesegnet sei, wer dich segnet!" Letzten Endes werden sich auch die Heiden der Macht des Herrn beugen. Zum einen kommen die Heiden durch die Weltmission aus Gottes Gnade zum Glauben; aber auch die Menschen, die Gott abgelehnt haben und nach ihrem Tod durch eine Kluft von den Gläubigen getrennt sind, anerkennen Gottes Macht. Das sehen wir in der Geschichte vom reichen Mann und dem armen Lazarus (Lk 16,19–31), in der der Reiche nach seinem Tod um Segen für die bittet, die verloren sind.

Und die Ägypter drängten das Volk und trieben es eilends aus dem Lande; denn sie sprachen: Wir sind alle des Todes.

Jetzt haben die Ägypter genug! Sie können die Juden nicht mehr sehen; statt sie alle umzubringen, schicken sie die Israeliten mit ihrem ganzen Besitz weg.

Und das Volk trug den rohen Teig, ehe er durchsäuert war, ihre Backschüsseln in ihre Mäntel gewickelt, auf ihren Schultern.

Mazzoth nehmen sie mit, ungesäuertes Brot, weil es schnell gebacken ist und in der Wüste lange halten wird. Und so nahm Jesus beim Abendmahl Mazzoth und sagte: „Nehmet und esset, das ist mein Leib.“ Denn sein Heil wird durch das Kreuz schnell vorbereitet, aber die Kraft seines Heils ist unbegrenzt.

Und die Israeliten hatten getan, wie Mose gesagt hatte, und hatten sich von den Ägyptern silbernes und goldenes Geschmeide und Kleider geben lassen. Dazu hatte der Herr dem Volk Gunst verschafft bei den Ägyptern, dass sie ihnen willfährig waren, und so nahmen sie es von den Ägyptern zur Beute.

So nehmen die Israeliten diese Beute von den Ägyptern, wie der Herr es ihnen gesagt hat. Und Israel selbst ist die Beute des Herrn. (Jes 53,12)

Also zogen die Israeliten aus von Ramses nach Sukkot, sechshunderttausend Mann zu Fuß ohne die Frauen und Kinder.

Sechshunderttausend gründeten 1948 den vormessianischen Staat Israel, sie waren der Zehnte, denn sechs Millionen wurden umgebracht. Und sechshunderttausend Männer kamen unter Josua ins Land.

Und es zog auch mit ihnen viel fremdes Volk …

Diese Menschen wissen um die Macht des Gottes

Israels, sie gehen weg aus ihrer Heimat, aus ihrem Vaterland, von ihrem Götzendienst und schließen sich Gottes Volk an. Das ist eine Vorausdeutung auf das, was in der Weltmission und auch im Tausendjährigen Friedensreich passieren wird.

... dazu Schafe und Rinder, sehr viel Vieh. Und sie backten aus dem rohen Teig, den sie aus Ägypten mitbrachten, ungesäuerte Brote; denn er war nicht gesäuert, weil sie aus Ägypten weggetrieben wurden und sich nicht länger aufhalten konnten und keine Wegzehrung zubereitet hatten. Die Zeit aber, die die Israeliten in Ägypten gewohnt haben, ist vierhundertunddreißig Jahre. Als diese um waren, an eben diesem Tage zog das ganze Heer des Herrn aus Ägyptenland. Eine Nacht des Wachens war dies für den Herrn ...

Das Passafest wird auch heute unter vielen Frommen in Israel als eine Nacht des Wachens gefeiert.

... um sie aus Ägyptenland zu führen; darum sollen die Israeliten diese Nacht dem Herrn zu Ehren wachen, sie und ihre Nachkommen.

Gott hat dieses Volk in der Knechtschaft zu sich gerufen, um es als Volk aus der Knechtschaft zu befreien – der Knechtschaft von Götzen, der Knechtschaft als Sklaven. Er hat sie zu sich gerufen, um sie zu befreien.

Und so ist Jesus Christus gekommen, uns aus der Knechtschaft unserer Ichsucht, der Knechtschaft von Sünde, Teufel und Tod zu befreien. Neben: „Ich bin der Herr, dein Gott, der ich dich aus der Knechtschaft Ägyptens herausgeführt habe; ihr sollt keinen Gott neben mir haben" steht: „Ich bin dein Herr und Heiland, Jesus Christus, der ich dich aus der Knechtschaft der Sünde herausgeführt habe; du sollst keinen Gott neben mir haben."

Die endzeitliche Bedeutung der zehn Plagen

Wir fragen uns heute, ob die zehn Plagen nicht auch endzeitliche Bedeutung für uns haben. Denn wir leben in einer Zeit, in der ein allumfassendes Sterben über diese Welt geht. Wie die zehn Plagen allumfassend sind, so ist es heute das Sterben vieler Bäume und Tierarten, es gibt schlimme Krankheiten unter manchen Tieren und neue Krankheiten bei den Menschen wie Aids. Unser Klima ist ins Wanken geraten, unsere Lebenselemente werden beeinträchtigt von Stürmen und Erdbeben. Sind diese Zeichen Geburtswehen vor der Wiederkunft unseres Befreiers Jesus Christus? Ist die Welt nicht im Aufruhr gegen Israel und an manchen Orten auch gegen uns Christen? Damit sind die zehn Plagen, die Zeichen für Gottes Gericht – auch wenn sein richtendes Handeln oft verschwiegen wird – in unserer Zeit auch Zeichen für die baldige Wiederkunft Jesu.

Die Zehn Gebote

Die Zehn Gebote (2. Mose 20,1–17)

Und Gott redete alle diese Worte:

Ich bin der Herr, dein Gott, der ich dich aus Ägyptenland, aus der Knechtschaft geführt habe. Du sollst keine anderen Götter haben neben mir.

Du sollst dir kein Bildnis noch irgendein Gleichnis machen, weder von dem, was oben im Himmel, noch von dem, was unten auf Erden, noch von dem, was im Wasser unter der Erde ist: Bete sie nicht an und diene ihnen nicht! Denn ich, der Herr, dein Gott, bin ein eifernder Gott, der die Missetat der Väter heimsucht bis ins dritte und vierte Glied an den Kindern derer, die mich hassen, aber Barmherzigkeit erweist an vielen Tausenden, die mich lieben und meine Gebote halten.

Du sollst den Namen des Herrn, deines Gottes, nicht missbrauchen; denn der Herr wird den nicht ungestraft lassen, der seinen Namen missbraucht.

Gedenke des Sabbattages, dass du ihn heiligest. Sechs Tage sollst du arbeiten und alle deine Werke tun. Aber am siebenten Tage ist der Sabbat des Herrn, deines Gottes. Da sollst du keine Arbeit tun, auch nicht dein Sohn, deine Tochter, dein Knecht, deine Magd, dein Vieh, auch nicht dein Fremdling, der in deiner Stadt lebt. Denn in sechs Tagen hat der Herr Himmel und Erde gemacht und das Meer und alles, was darin-

nen ist, und ruhte am siebenten Tage. Darum segnete der Herr den Sabbattag und heiligte ihn.

Du sollst deinen Vater und deine Mutter ehren, auf dass du lange lebest in dem Lande, das dir der Herr, dein Gott, geben wird.

Du sollst nicht töten.

Du sollst nicht ehebrechen.

Du sollst nicht stehlen.

Du sollst nicht falsch Zeugnis reden wider deinen Nächsten.

Du sollst nicht begehren deines Nächsten Haus.

Du sollst nicht begehren deines Nächsten Weib, Knecht, Magd, Rind, Esel noch alles, was dein Nächster hat.

Befreiung aus der Knechtschaft durch die Zehn Gebote

Die Zehn Gebote werden dem Volk Israel während der 40-jährigen Wüstenwanderung gegeben. Vor dem Volk liegt die weite Wanderung bis zum Ziel, Gottes verheißenem Land, und dem zweiten Ziel, der Landnahme. Diese Gebote sollen wir darum als Wegweisung zum Leben betrachten, als Stärkung für unterwegs, als wahre Grundlage für unser Handeln. Auch wir sind zum verheißenen Land, zu Gottes Reich unterwegs. Deshalb sind die Zehn Gebote auch für uns Wegweisung, Stärkung und Grundlage für unser Handeln.

Der Ort der Übergabe der Zehn Gebote ist der Berg Sinai. In der ganzen Bibel finden wir immer wieder Berge als Ort der Begegnung zwischen Gottheit und Menschheit. Sie stehen zeichenhaft zwischen Himmel und Erde. Das ist auch bei Jesus so, zum Beispiel bei der Bergpredigt, wo er seinen Jüngern seine endgültige, göttliche Auslegung des Gesetzes bzw. der Zehn Gebote vorbringt.

Die Zehn Gebote haben eine Art Präambel, eine Einleitung: „Ich bin der Herr, dein Gott, der ich dich aus Ägyptenland, aus der Knechtschaft, geführt habe."

Die Gebote haben also mit Befreiung zu tun, vor allem mit der Befreiung vom Götzendienst – haben die Israeliten nicht um das Goldene (ägyptische) Kalb getanzt, gerade als Mose die Zehn Gebote empfangen hat? Die Knechtschaft hat auch mit sozialer und politischer Gefangenschaft, mit Sklaverei zu tun, aber im Mittelpunkt steht, wie beim ersten Gebot, unsere Beziehung zum Herrn.

Die zwei Tafeln der Zehn Gebote

Die Gebote stehen auf zwei Tafeln. Die erste Tafel handelt von unserer Beziehung zum Herrn, die zweite von unserer Beziehung zu unseren Mitmenschen. Somit wollen die Gebote uns vom Götzendienst befreien, damit wir Gott dienen können (die erste Tafel) und uns aus der Knechtschaft im mitmenschlichen Bereich befreien, damit wir geordnete Beziehungen zu unseren Mitmenschen pflegen können (die zweite Tafel). Als Christen können wir nach dem, was Jesus für uns getan hat, diese Präambel umformulieren – ich habe bereits mehrmals darauf hingewiesen: „Ich bin der Herr, dein Gott, Jesus Christus, der ich dich aus der Knechtschaft der Sünde, des Teufels und des Todes herausgeführt habe. Deswegen sollst du keine anderen Götter neben mir haben."

Mose bekam die Zehn Gebote auf Stein geschrieben. (2. Mose 24) Steine stehen in der Bibel eigentlich eher im Zusammenhang mit dem Tod, aber diese Steine sollen den Weg zum Leben, zu einem wahren und geordneten Leben im Herrn weisen. Allerdings lehrt uns Paulus, dass das Gesetz letzten Endes den Tod für uns bedeutet. Nach der Bergpredigt und weil Jesus Vollkommenheit von uns verlangt, können die Gesetze nur den Tod, den ewigen Tod, bringen. Damit sind diese Steintafeln beides: Leben aus dem Tod (wie Mose Wasser aus dem Felsen herausholte und wie Jesus bei seiner Auferstehung den Tod und auch den Stein vor seinem Grab überwand) und zugleich Tod und Leblosigkeit, denn niemand außer Jesus kann das Gesetz im Sinn der Bergpredigt erfüllen. Deswegen bringt das Festhalten am Gesetz ohne Jesus Christus, der das Gesetz erfüllt und überwindet, nur den Tod.

Nächstenliebe kommt aus Gottesliebe

Wir haben festgestellt, dass die erste Tafel mit unserer Beziehung zum Herrn und die zweite mit unserer Beziehung zu den Mitmenschen zu tun hat. Was an der ersten Stelle steht, ist das Wichtigste. Nächstenliebe kann nur aus Gottesliebe kommen. Als natürlichen Menschen fällt es uns schwer, unseren Nächsten zu lieben. Es gibt sicher nur wenige Menschen, die wirklich lieben. Es fällt auf, dass die Gebote für die Nächstenliebe hier überwiegend in der Form von „Du sollst nicht" formuliert sind. Weil wir wissen, dass der Herr, der Gott Israels, Jesus Christus, unseren Nächsten liebt, können wir uns aus Liebe zu ihm auch unserem Nächsten zuwenden – zuerst noch im Sinne von „Du sollst nicht", um ihn dann im Sinne von Jesus positiv zu lieben. Er verfügt über die Liebe, denn er ist die Liebe selbst. Außerdem sollten wir nie vergessen, dass Jesus das ganze Gesetz erfüllt hat, im Buchstaben wie im Geist, denn er liebt seinen Vater vollkommen und blieb bis zum bitteren Tod am Kreuz gehorsam. So hat er sich uns, seinen Mitmenschen, ganz und gar zugewendet mit Liebe und Barmherzigkeit. Trotz Jesu Erfüllung des Gesetzes verharrt die Welt jedoch noch in Hass und Krieg. Deshalb kann man es auch so sehen, dass Jesus bei seinem ersten Kommen den Zorn des Vaters gestillt und Frieden zwischen uns und dem Vater geschaffen hat – die erste Tafel. Wenn er wiederkommt, wird er dann in seinem Tausendjährigen Reich Frieden unter den Menschen bringen – die zweite Tafel.

Die Bergpredigt und die Zehn Gebote

In seiner Bergpredigt hat Jesus uns gezeigt, dass wir die Zehn Gebote im göttlichen Sinn nicht erfüllen können. Innerlich hassen bedeutet Mord, und begehren außerhalb der Ehe ist Ehebruch. So sind wir alle im Geist Ehebrecher und Mörder. Dazu verlangt Jesus konsequente Feindesliebe und sogar Vollkommenheit. Jesus hat diese geistlichen Forderungen für uns erfüllt – „Es ist vollbracht“ –, aber wir als Christen sind immer noch fleischlich an die Zehn Gebote gebunden; allerdings in dem Bewusstsein, dass wir sie nicht im göttlichen Sinn erfüllen können. In bußbereiter Demut sind wir hier auf Jesu Gnade angewiesen. Unsere Gerechtigkeit ist damit wirklich besser als die der Pharisäer, weil Jesus Christus unsere endgültige Gerechtigkeit ist und bleibt, nicht unsere Werke.

Martin Luther hat immer wieder betont, dass das erste Gebot die Grundlage für alle Gebote ist: „Du sollst keine anderen Götter haben neben mir.“

Jesus Christus will Mittelpunkt unseres Lebens sein, er will im wahrsten Sinne des Wortes unser Herr sein. Aber der moderne Mensch ruft ständig gegen das erste Gebot: „Wir sind mündig, wir wollen entscheiden, wir sind die Herren der Welt.“ Das ist die Erbsünde, und jede Art von Humanismus, vom Glauben, dass der Mensch sein eigener Herr ist, muss zum Verderben führen. Jesus Christus ist der wahre Herr dieser Welt. Er will auch unser Herr werden.

Wir sollten auch niemals vergessen, dass Mose und

nicht Luther die Zehn Gebote empfangen hat und dass das zweite Gebot nach Mose in seinem geistlichen Gehalt („du sollst dir kein Gleichnis von deinem Herrn machen") ein zentraler Schutz des ersten Gebotes ist. Gleichnis bedeutet hier eine vollständige, geistliche Vorstellung. Oder anders gesagt, dieses Gebot schützt uns gegen die ständige Gefahr, dass wir den Herrn nach unserem eigenen Wunschbild formen: zum Beispiel nur einen Gott der Gnade und Vergebung, aber nicht des Gerichts, oder einen niedlichen, harmlosen Gott, wie eine Puppe in der Krippe, über den wir herrschen können. Der Herr ist Herr und will Herr bleiben. Seine Herrschaft umfasst beides – seine Gerechtigkeit und sein Gericht auf der einen und seine Liebe und Gnade auf der anderen Seite.

Jesus legte zwei der Zehn Gebote aus, um zu zeigen, was sie im göttlichen Sinn bedeuten: Mord war für ihn, jemanden innerlich zu hassen, und als Ehebruch sah er es an, jemanden heimlich zu begehren. Warum gerade diese zwei Gebote? Weil er der Sohn Davids ist und weil David diese beiden Gebote sogar fleischlich übertreten hat – er beging Ehebruch mit Batseba und verübte Mord an ihrem Mann Uria. Jesus als Sohn Davids, als unsere Gerechtigkeit, als der Messias Israels, übertrifft damit den gerechten König David.

Das letzte Gebot, aus dem Luther zwei gemacht hat, weist den Weg zur Bergpredigt und zur endgültigen Auslegung Jesu. Dieses zehnte Gebot bei Mose legt das Gebot „Du sollst nicht stehlen" im geistlichen Sinne als Begierde aus. Damit bereitet es den Weg für

Jesu geistliche Auslegung von Mord und Ehebruch, und letzten Endes auch dafür, das ganze Gesetz im Geist der Bergpredigt zu verstehen.

Er spricht: „Ich bin der Herr, dein Gott, Jesus Christus, der ich dich aus der Knechtschaft der Sünde, des Teufels und des Todes herausgeführt habe. Du sollst keine anderen Götter haben neben mir."